Vorhang, 1995 Haus Lange, Krefeld, 1995

We would like to express our gratitude to the Barbara Weiss Gallery, Berlin; the Stampa Gallery, Basel; the Raum für aktuelle Kunst, Vienna and particularily to the Paul Andriesse Gallerie, Amsterdam for all their support in realizing the exhibitions and the catalogue.

An den Rändern entlanggehen Julian Heynen	06
I.C.H.: this is what's wrong with us Judith Fischer	16
Das Wagnis der Öffentlichkeit Barbara Steiner	19
Ausschnitt Marius Babias	33
…there is a role shift… Hans-Ulrich Obrist	39
Extract Marius Babias	40
The Risk of Going Public Barbara Steiner	47
I.C.H.: das ist es, was mit uns nicht stimmt Judith Fischer	56
Moving Along the Margins Julian Heynen	56

An den Rändern entlanggehen

Julian Heynen

Irgendwo eingebettet in die Erzählung, an den Rand geschrieben, blau in blau, in einer gebogenen Zeile auf eines der Figurenbilder gemalt eine Anschrift: c/o Philipp Otto Runge „Der Morgen" 1808-09. Wer oder was ist hier in die Obhut dieses hell geträumten Gemäldes gegeben, dessen Symbolik sich nur mühsam erschließt und dessen geistig-ästhetische Weite hinter seiner Figurenwelt nur zu erahnen ist? Für welche Art von heutiger Kunst- oder Lebenspraxis könnte ein solches Bild Anlaufstelle sein? Der Hinweis auf dem Bild ist genau; er meint jene zweite Fassung von Runges Komposition, die später in viele Teile zerschnitten und erst in diesem Jahrhundert wieder zusammengesetzt wurde: Ein Bild aus lauter Fragmenten, jedoch von Leerstellen in seiner gedachten Form gehalten.So wenig es gelingen wird, dieses fast zu übersehende Zitat im Geflecht der Krefelder Ausstellung von Christine und Irene Hohenbüchler schlüssig einzuordnen, so kann es doch als Metapher für ihre Arbeit dienen. Behutsam tragen sie die unterschiedlichsten eigenen und fremden Dinge, Gedanken und Gefühle zusammen, verbinden sie zu einem locker geknüpften Netz, das genügend Halt gibt, ohne das Ganze in all seinen Teilen unwiderruflich festzulegen. Erst die Fehlstellen, die Ausdünnungen, die Abbrüche in diesem Gewebe lassen die Verdichtungen und Verknotungen als Inseln der Aufmerksamkeit deutlich werden.

c/o Philipp Otto Runge „Der Morgen" 1808-09: Vielleicht sollte man dieses Detail noch ein weiteres Mal ernst nehmen. Es zeigt dann auf ein Bild, das bei dem Versuch, eine neue Zukunft für die Kunst zu denken und zu malen, als lichte, offene Konstruktion entworfen, in zahlreichen Studien nachvollziehbar erarbeitet wurde, um schließlich doch als Rätsel dazustehen. In der Arbeit der Hohenbüchlers trifft man auf ein verwandtes Paradox. Ihre Bemühungen, von der eigenen doppelten Identität aus die individuelle Urheberschaft aufzulösen, weitere Autoren einzubeziehen und das „Werk" so aus einem gemeinsamen Prozeß heraus entstehen zu lassen, führt immer wieder zu Resultaten, die in einer rätselhaften, nur unvollständig zu entziffernden Fremdheit verharren. Die bewußte und thematisierte soziale Konstruktion der Arbeit ebenso wie unser Wissen darum garantieren nicht ihre Lesbarkeit. Die Arbeiten geben nicht Bericht über ihre Entstehung, sondern ein neues Bild, eine Provokation für das Verständnis.

Die Ausstellung im Haus Lange ist durchwirkt von zahllosen Zitaten; Sprache durchzieht alle Räume. Textcollagen erscheinen als Wandzeichnungen, Sätze und Worte sind auf Gegenstände und Bilder gemalt, bilden Fixpunkte auf Vorhängen, ziehen sich im emblemhaften Reliefs zu reinen Zeichen zusammen; eine kleine Bibliothek steht bereit, und vom Band hört man die Stimmen dreier Lebenserzählungen. Es ist verführerisch – und auch nicht falsch –, einzelne

to **KNIT, purl 2** de Vleeshal, Middelburg, 1994

Formulierungen aus diesem großen Textgeflecht herauszulösen und als Ausgangspunkt zu wählen. Aber schon das Lesen selbst macht oft genug Mühe und führt immer wieder in Sackgassen. Das Wichtigste scheint sich sowieso zwischen den Zeilen zu verbergen. Und ist es nicht einfach zu leicht, sich beim Sprechen an das schon Gesprochene zu halten? Sollte man nicht auch die Texte – wie die anderen Dinge in der Austellung – zuerst einmal als Material, also als Oberfläche, Form, Struktur betrachten?

Poröse Ränder

Überall trifft man auf die Vermeidung der in sich geschlossenen Form, der festen Grenzlinie zwischen dem Kunstwerk und dem Übrigen. Der „endlos" fortgestrickte Schal zeigt offen die nicht vernähten Spuren der einzelnen Arbeitsschritte. In seinem Ende stecken noch die Nadeln, ein paar Wollknäuel liegen bereit wie anderswo der angefangene Vorhang noch in die Nähmaschine eingespannt ist. Die „schwerelose" Figur, die der Schal im Raum bildet, scheint ebenso momentan wie die Windungen des langen, gewebten Tuchs durch mehrere Räume. In Berlin wurden die schon in sich alles andere als statischen Vorhänge zusätzlich durch Ventilatoren in Bewegung, in unvorhersehbare Modulation, versetzt.

Die Gemälde gehorchen in ihrem Umriß nicht der Konvention, sondern folgen der Figur, die sie sind. Selbst an ihren Kanten trennen sie sich nicht scharf vom Untergrund, sondern überspielen mit Hilfe der angenähten Ösen die Unterschiede zwischen Bild und Objekt, zwischen Kunst und Dekoration.

Auch die Schriften neigen dazu, ihre Kontur zu verlieren, als Form und als Sinnträger phasenweise wegzugleiten, so daß man immer wieder neu fokussieren muß. Ähnliches erlebt man mit den Stimmen: Dialekt und Aufnahmesituation überschatten mitunter den Text, und

Berlin, Karl-Marx-Straße, 1995

wenn man die Treppe zum Obergeschoß von Haus Lange hinaufgeht, dringen sie nur wie das noch unverständliche Gespräch möglicher Bewohner ans Ohr. Eine sich wandelnde Atmosphäre überlagert den konkreten Inhalt der Worte.

Die Vitrinen und verglasten Schränke wiederum haben schon als Typus eine vermittelnde Rolle zwischen innen und außen. So sehr es sich unzweifelhaft um feste, gebaute Objekte handelt, so bleibt doch fraglich, ob sie als Form für sich existieren oder nur eine durchsichtige Hülle für das bieten, was in ihrem Inneren ausgestellt ist. Ihre gläserne Außenhaut ist nicht nur materiell doppeldeutig; ständig changiert sie zwischen Abschluß und Durchlaß.
Die Reihe der Beispiele ließe sich fortsetzen. Was so beschrieben wird, ist jedoch keine grundsätzliche Auflösung der Form, kein Angriff auf die Integrität der Gegenstände und Bilder. Dafür ist jede Arbeit viel zu konkret,

unmittelbar rückgebunden an bekannte Formen und Zwecke des Alltags und der Kunst. Auch wahren die einzelnen Teile einen deutlichen Abstand zueinander. An den Rändern aber werden die Dinge offen gehalten. Es ist so, als ob jedes Teil an seiner Peripherie Kontaktstellen, Anknüpfungspunkte bereithalten würde. Das heißt keineswegs, daß die Elemente nahtlos ineinandergreifen könnten, daß sich von Stück zu Stück eine ununterbrochene Kette herstellen ließe. Die poröse Haut der Dinge ist vielmehr mögliche Berührungsfläche für anderes, nicht Gezeigtes, für das, was die Situation, was der Betrachter mit sich führt. Die einzelne Arbeit erscheint wie eine Verdichtung in einem weitmaschigen Geflecht, das, einmal begonnen, von jedem, der neu hinzukommt, erweitert werden kann.

13 Galerie Stampa, Basel, 1995

Transparente Wände

Vor die Aussicht ist ein Vorhang gezogen, durch den die Blicke dennoch hindurchgehen können. Leichtfarbig und wie schwebend hängt er im Raum und teilt ihn doch nicht wirklich. Wie ein schwacher Filter nur läßt er die Bilder von der anderen Seite herüber und trägt zugleich selbst ein eigenes Bild, eine Schrift. Die Worte und Sätze, Stoff auf Stoff appliziert, geben ihm Schwere und Ort; an ihnen bricht sich der Blick, gerinnt die Transparenz zu Fläche und Grund. Die Präsenz dieser Vorhänge ist kaum zu greifen: Sind es nur Schleier über den Konturen der Umgebung oder Objekte aus eigenem Recht? Das Doppelspiel von Durchscheinen und Verschwimmen wirkt wie das Echo auf die erzählten Lebensgeschichten, die im gleichen Raum zu hören sind. Zwischen Erinnern und Vergessen, zwischen präzisem Bild und blasser Ahnung spulen Leben und Momente ab, denen man als Zuhörer wechselnd nah und fern zugleich ist. Ein Schwebezustand: Klarheit und Trübung, Zeigen und Verbergen, Tatsache und Vermutung.

So auch die Paravents, die Wände „gegen den Wind". Bei den Hohenbüchlers allerdings sind sie offen. Die Zeichnungen und Wandarbeiten, vor denen sie stehen, werden so nicht verdeckt, aber auf ihrem schnellen Weg zu diesen Bildern verfangen sich die Blicke doch für einen Moment in ihrer ornamentalen Konstruktion. Opak schließlich werden sie durch die Sprache, die in sie hineingearbeitet ist. In verschiedenen Farben sind Buchstaben, Ziffern, Worte, Phrasen und Sätze auf die Streben gemalt:

...prodigious, precious... Galerie Paul Andriesse, Amsterdam, 1992

Zitate und Fragmente in willkürlicher Lesefolge. Manchmal reduzieren sich die Mitteilungen auf hermetische Kürzel, manchmal weiten sie sich poetisch zu Naturbildern und wiederum ein anderes Mal scheinen sie die unsicheren Beziehungen zwischen den Dingen/den Menschen zu umkreisen. Nie aber geht eine gerade Linie durch den Text. Die Wandschirme wirken wie ein Ornament von Widerrufen, wie eine Arabeske von Gegensätzen. Sie sind zugleich transparent und opak, sind sowohl Rahmen als auch Bild, verschatten und erhellen ihre Umgebung.

Die großen, mit Bleistift auf die Wände gezeichneten Textblätter könnten auf den ersten Blick diese Widersprüche zur Transparenz einer Aussage hin auflösen. Die Zeilenfolge ist gewahrt, und auch wenn der Schrifttyp wechselt, läßt sich ein Sinn verfolgen. Selbst wenn sich das Aufgeschriebene als Collage unterschiedlicher Zitate herausstellt, scheint doch bei jedem Bild ein Thema durch. Aber auch hier legt sich unter und über die Sprache ein Muster, das die Beziehungen lockert. In Berlin waren es Linien, die an die Technik des Webens erinnern, im Haus Lange Streifen, die das Licht- und Schattenspiel der auf- oder niedergehenden Rolladen vor den Fenstern spiegeln, also erneut etwas, das zwischen Abschluß und Durchlaß vermittelt.

Die Vorhänge, die Paravents, die Textbilder, aber etwa auch die Stimmen, bieten mit ihrer zugleich transparenten und opaken Struktur ein sehr wandlungsfähiges Netz, einen Träger für die nie im ganzen zu kontrollierende Vielzahl von Fundstücken, Anspielungen und Querverweisen, die die Erzählung der Hohenbüchlers ausmacht und weitertreibt. Gerade weil die Darstellung immer wieder

Käfige, 1993 Galerie Paul Andriesse, Amsterdam, 1993

zwischen dem Sichtbaren und dem Unsichtbaren oszilliert, ermöglicht sie die Einbindung all der heterogenen Erfahrungen, Ideen und Objekte. Erst der Wechsel von Zeigen und Nicht-Zeigen, von Aussprechen und Verschweigen schafft die notwendigen Leerstellen zwischen den Dingen, die ja nicht in einem autoritären Raster festgezurrt, sondern „von einer unendlich zärtlichen Hand" (Rilke) zusammengebracht werden sollen, wie es in einem der Textbilder heißt.

Handwerke

Die Arbeiten der Hohenbüchlers verleugnen nicht, daß sie mit den Händen gemacht sind, daß sie ihre Existenz meist traditionellen und recht einfachen Techniken verdanken. Im Gegenteil, man hat den Eindruck, daß die Handwerklichkeit mit einem gewissen Nachdruck herausgestellt wird. Dabei sind die Grenzen zwischen Professionalismus und Laientum fließend und zwar auch dann, wenn keine anderen, nicht künstlerisch trainierten Menschen als Mitautoren eingebunden sind. Bei den Textilien ist das vielleicht besonders offensichtlich. Das Stricken, das Weben, das Nähen gehört, so wie es hier ausgeübt wird, noch zu jenen Fertigkeiten, die in nicht allzu ferner Vergangenheit in jedem Haushalt beherrscht wurden. Diese Tätigkeiten sind heute aus dem Privatleben noch nicht verschwunden, aber zugunsten professioneller Arbeitsteilung doch merklich in den Hintergrund getreten. Sie sind allerdings – besonders in der Krefelder Ausstellung – für die Künstlerinnen gerade deshalb eine Art von Verbindungsstück zu den Generationen (von Frauen) zuvor.

Die Möbel, ob sie nun von Christine Hohenbüchler selbst oder in ihrem Auftrag etwa von Behindertenwerkstätten ausgeführt werden, haben eine ähnliche Stellung am Übergang von Heimwerkertum und professioneller Handwerklichkeit. In den von ihr selbst hergestellten Objekten kommen deutliche Anleihen bei der Volkskunst oder beim künstlerischen Dilletantismus, aber etwa auch beim Wiener Jugendstil hinzu. Ganz allgemein scheinen diese Möbel, was Gestaltung, Material und Technik angeht, in eine zeitgenössische Kultur eingebunden zu sein, die z.B. aus ökologischen oder ästhetisch-psychologischen, aus „weltanschaulichen" Gründen Brücken zur Vergangenheit schlägt.

Um noch ein weiteres Beispiel für den gezielten Umgang mit dem Handwerklichen als einem Bindeglied zwischen den Zeiten zu geben, muß man von den Schriften reden. Gleichgültig ob geschrieben, gemalt oder gedruckt, die Art der Schrifttypen wechselt ständig, und auch ohne es im Einzelfall genau zu wissen, merkt man, daß sie aus verschiedenen Epochen stammen. Diese Verfügbarkeit der Charaktere und Stile wird durch den PC, den Heim-Computer, möglich, mit dem Irene Hohenbüchler arbeitet. Die mit seiner Hilfe selbst entwickelten Schriften können aus einer unorthodoxen Verwendung existierender Einzelzeichen oder – wie bei Berlin – aus frei entworfenen Buchstaben bestehen. In beiden Fällen führt die Arbeit mit dem hochtechnischen Instrument und seinen genormten Programmen zu handschriftlichen Erscheinungsbildern. Die scheinbar objektiven, übertragbaren Verfahren enden in einer Form, die zu den klassischen Entäußerungen der Persönlichkeit zählt.

Die Bedienung der gerasterten Tastatur entläßt im Verein mit den über den Bildschirm gleitenden Gedanken ein Diagramm des Inneren, eine Arabeske der Seele – um es romantisch auszudrücken. Handwerk, auch am Ende des 20. Jahrhunderts, bleibt mit Intimität verbunden.

Geöffnete Schränke

In Schränken wird das Eigene aufgehoben und verborgen. „Ohne diese ‚Objekte' würden unserem inneren Leben die äußeren Modelle der Innerlichkeit fehlen", hat Bachelard gemeint. Erst recht der Kleiderschrank ist ein solcher Raum der Intimität und des Schutzes. Er enthält die Hüllen, die wechselnden Häute, die Masken, die Doppelgänger des Menschen, auch seinen Geruch. Wer den Schrank eines anderen öffnet, scheut beschämt und fasziniert zurück; schnell läßt sich die Tür wieder schließen, die Verletzung der Grenze ungeschehen machen. Die Schränke, die die Hohenbüchlers für die Kleider anderer hergestellt haben, bleiben geöffnet. Auf drei Seiten verglast ähneln sie Vitrinen und sind in Form und Funktion doch Schränke. Es sind keine neutralen Ausstellungsgeräte, sondern sorgfältig angelegte Räume, die bei jedem Blick, der in sie eindringt, noch etwas von der ursprünglichen Initimität ihres Inhalts bewahren.
In Berlin waren in ihnen ausgesuchte Kleider der Galeristin zu

Paravent, 1995 Haus Lange, Krefeld, 1995

sehen, im Haus Lange sind es solche der drei Frauen aus der Großmüttergeneration der Künstlerinnen, deren Lebenserzählungen in den gleichen Räumen zu hören sind. „Der Schrank ist ganz erfüllt vom stillen Tumult der Erinnerungen." (Oscar Milosz) Vor jeder konkreten Enthüllung dieser Vergangenheit steht jedoch eine besondere Vorsicht im Umgang mit den persönlichen Dingen. Die Rückwände haben einen farbigen Spiegel, der die Objekte gebührend einbettet und hervorhebt. Die Kleider hängen so, daß sie ihre Vorderseite, ihr Gesicht, leicht vom Licht des Fensters und damit auch von den Blicken abwenden.

Wer das Leben anderer nicht nur mit eigenen Worten und Bildern beschreibt, sondern sie selbst wie hier in Form ihrer Stimme und ihrer zweiten Haut in einer räumlichen Erzählung auftreten läßt, trägt Verantwortung. Wer darüber hinaus die Unterschiede zwischen dem, was diese anderen eingebracht haben, und dem, was er selbst tut, verwischt, arbeitet in der Gefahrenzone der Intimität. Zu den Vorsichtsmaßnahmen zählen die in ihrer Offenheit dennoch beschützenden Schränke ebenso wie die weißen Wandreliefs, in denen Daten und Initialen der handelnden Personen bis zur Unkenntlichkeit ineinander verschränkt sind. Ein unsicheres Terrain ist die Intimität aber nicht nur, weil sie so verletzlich ist, weil sich schnell moralische Fragen melden. Gefährlicher noch ist die Arbeit an dieser Grenze aus künstlerischen Gründen. So unmittelbar und offensichtlich die Kunst der Hohenbüchlers mit ihrem eigenen, konkreten Leben verbunden ist, so wenig geht es letzten Endes jedoch um einen Bericht von diesem Leben. Die Intimität, die hier sichtbar wird, ist nicht Selbstzweck, sie ist Medium, sie ist Lösungsmittel. Die Nähe zu sich selbst und zu anderen sucht nicht den Rückzug ins Private, in irgendein Ureigenes. Sie will das Hören und das Sprechen befördern, damit die Dinge da draußen einen Sinn bekommen können. Als verborgener Titel erscheinen auf dem Plakat der Krefelder Ausstellung zweimal die Neunzehn und einige Auslassungszeichen dazwischen. Es zieht sich also der Faden des zuendegehenden Jahrhunderts durch das Gewebe. In den Erzählungen der alten Frauen, die die längste Strecke dieser Zeit miterlebt haben, bildet sich immer wieder ein Knoten: der Zweite Weltkrieg.

Arabesken

Noch einmal, mit aller Vorsicht, zurück zu jener halb verborgenen Anschrift, die als zeitweisen Aufenthaltsort der Gedanken ein Bild von Philipp Otto Runge nennt. Hier liegt kein Schlüssel für das Verständnis, aber im offenen Netz der Arbeit der Hohenbüchlers kann jedes Fragment Kristallisationspunkt der Annäherung sein. Künstler und Bild dürften heute den meisten einigermaßen fremd, ja verdächtig sein. Aber vielleicht läßt ja gerade diese Fremdheit, wenn man sich eine Zeitlang auf sie einläßt, die Dinge um so deutlicher hervortreten.

Bei den Paravents und bei den Schriften war von der Arabeske die Rede, und ohne Frage durchzieht ein gewisser Ornamentalismus auch die übrigen Arbeiten. Arabeske, das ist zuerst einmal nichts als eine Schmuckform, die zwar ihr Vorbild bei den Pflanzen nicht leugnet, es aber in reine, in sich kreisende Muster verwandelt. Ein weitgehend leeres

Zeichen also, eine Begleitung am Rande, scheinbar unfähig, größere Bedeutung zu tragen. In den Zeichnungen, Bildern, Briefen und Gedanken Philipp Otto Runges und seiner Freunde nun weitet sich die Arabeske zu einem Zentralbegriff. Die unschuldige Form wird Durchgangsstation auf dem Weg zu einer neuen Idee von Kunst. Von den geplanten „Zeiten"-

3,7 DAAD Galerie, Berlin, 1995

Bildern heißt es: „Es kommen so viele auffallende Zusammensetzungen darin vor, von Dingen, davon jedes einzeln auch wieder in einem Zusammenhange steht, daß ich so im einzelnen mich gar niemals darüber erklären darf; es sind das bloß die meiner Natur eigentümlichen Figuren, nur angewandt, um die großen Sachen damit zu schreiben." Die Gegenwart wird als Ansammlung von Fragmenten erfahren; das Kunstwerk beläßt sie in ihrer Vereinzelung, aber es faßt sie „verzweifelt wie Schmuckstücke in kreisende Formen", wie es ein Beobachter sah. Daß die Arabeske so zur Hieroglyphe wird, wußte und akzeptierte man: „es versteht sich am Rande, sollte es sich im Innern selbst gleich nicht immer verstehen."

(Clemens Brentano)

Die Unterschiede zur Arbeit der Hohenbüchlers liegen auf der Hand: kein religiöser Grund, kein Kunstideal, keine einsamen Setzungen, aber auch keine Anzeichen von Verzweiflung. Und doch eine Affinität über Zeiten und Welten hinweg? Da ist die Unzufriedenheit mit der Art und Weise, wie die Kunst mit dem Leben umgeht, und der Versuch, die eigene Arbeit in einen weiteren Rahmen zu stellen. Und dann – auf dem Weg zu etwas Neuem – der Griff nach einem reinen Muster, nach einer Rand-Form, die mit den strengen Zielen der Kunst nicht zu vereinbaren scheint. Das sind nicht nur die Ornamente selbst, das sind die „niederen" Techniken, Tätigkeiten und Stile ebenso wie das Einbeziehen der anderen, „laienhaften" Autoren und das scheinbar wahllose Aufgreifen aller nur denkbaren Anregungen und Beobachtungen. Nur so, auf nicht beachteten Nebenwegen, durch bewußtes Eingehen ins Alltägliche, spielerisch so viel enthüllend wie verbergend, immer in der Gefahr, sich in sich selbst oder in der Undurchsichtigkeit alles anderen zu verlieren, entsteht eine neue Form. c/o Philipp Otto Runge „Der Morgen" 1808-09: nur eine kurzer Haltepunkt im Gewebe.

I.C.H.:
this is what's wrong with us.

judith fischer

geboten und zulässig sind die deutlichen bestätigungen.

erlaubt bis erwünscht sind die kleinen anreize und verstärkungen. die schrift in einem festen raster.

aber: was für wen? wer für was? was für wen nicht? wer für wen schon wieder? und warum?

die dichotomien sind eine verleugnung von komplexität. immer wieder bürsten sie mit kräftigen strichen einen scheitel in die welt. viele scheitel werden gezogen. vieles wird so sauber

ich möchte Dir so gerne eine
eschichte erzählen, Kind, ich kenne sie
Dich) noch nicht - Penelope / Dorn-
öschen ... ich weiß sie nicht, wo beginn-
en, an welche der Zahlen anknüpfen -
en Jahren, es war sehr lange her, und
de Ziffer macht sie entfernter - in
nem fremden Lande, hinter Spiegel,
igeln, Mauern, Bergen, Wassern. Es
ar einmal ... . Es geschah aber ... es
ame alles von einem wunderlichen
oldenem ... und ausziehen in die Welt ...
aß er dolag wie ein Stein ...

auseinanderdividiert. die benennungen klassifizieren die phänomene auf ihre zuverlässige weise. ordnungsgefüge.

dress-codes und statusstrategien und selektionskriterien und gewichtungskompetenzen und zielführende public relations-konzepte als voraussetzungen für aufnahme und akzeptanz in betrieblichen und sozialen gruppenstrukturen. wer leistet das für sich selbst und wer kann es sich leisten, es für andere und mit ihnen zu versuchen?

die vermittlung reguliert die be(tr)achtung und orientiert sich dabei an ihrem eigenen potentiellen gewinn. aber: was heute gewinnbringend erscheint, hat bereits viel früher begonnen und aus anderen beweggründen.

Robe (ein)hüllen, 1992 Galerie Paul Andriesse, Amsterdam, 1992

und was sollen wir davon halten? wie sollen wir das verstehen? das umgehen mit dem und denen die von anderen umgangen werden. wie soll das sich plausibel machen? vereinzelte aktionen – was sollen wir damit anfangen? etwas beginnen.

aber kann man über einer klaffenden spalte stehen ohne dabei zerrissen zu werden? aber könnte die spalte statt sich weiter auseinanderzubewegen sich nicht vielmehr annähern und eine linie werden? aber wer setzt dafür sein vermögen ein?

und warum?

Das Wagnis der Öffentlichkeit

Barbara Steiner

Die Geschwister Hohenbüchler arbeiten mit Behinderten, psychisch Kranken und Inhaftierten, mit Menschen, die freiwillig

3,7 DAAD Galerie, Berlin, 1995

oder unfreiwillig am Rande der Gesellschaft leben. Eingesperrt, einem festgesetzten Ritual von Essen, Trinken, Schlafen unterworfen, reglementiert in ihrem Verhalten, sind die Gespräche mit den Künstlerinnen oft die einzige Abwechslung in ihrem eintönigen Leben. Sprache fungiert einerseits als poetisches Element und dient andererseits der Kommunikation. Die Hohenbüchlers geben Anstöße, mit bestimmten Materialien umzugehen, nehmen aber auch Anregungen der anderen auf und lassen sie in die eigene Arbeit einfließen. Christine Hohenbüchler näht Kleider, Handtücher, die von Behinderten bemalt oder bestickt werden, sie schnitzt Blumen aus Holz, die dann eine Art Rahmen für Bilder der Patienten der „Lebenshilfe" abgeben. Irene dokumentiert den Prozeß der Auseinandersetzung, schreibt Traumprotokolle, entwickelt eigene Schrifttypen. Aus der gemeinsamen Arbeit heraus entstehen eigenwillige Präsentationsformen: Etwa dient ein in den Raum gespanntes Netz als Träger für bemalte Handtücher, Vitrinen bieten Schutz für fragile Objekte. Dadurch gelingt es den Hohenbüchlers, Eigenheiten der Arbeiten herauszustreichen und die Werke einer Öffentlichkeit näherzubringen, die an sich nicht mit ihnen in Berührung kommen würde. Die Künstlerinnen nehmen dabei die Rolle von Kommentatoren, Interpretatoren und Vermittlern ein.

In Arnheim arbeiteten die Hohenbüchlers mit den Inhaftierten des Gefängnisses De Berg. In einem Prozeß, der sich mehrere Wochen hinzog, versuchte man, mehr und mehr zu den Häftlingen ein Vertrauensverhältnis aufzubauen, und sie zum gemeinsamen Arbeiten zu motivieren. Das Ergebnis dieses Zusammenseins zeigten die Hohenbüchlers in kleinen, von ihnen entworfenen Häuschen. Die Pavillions konnte man zwar nicht betreten, aber es war möglich, durch Fenster ins Innere zu sehen und die Bilder bzw. Objekte der Gefangenen zu betrachten. Innen und Außen kommunizierten auf analoge Weise wie die Gefangenen mit der Gesellschaft. Die Häuschen vermittelten eine gewisse Schutzfunktion, spiegelten aber auch die Hermetik der Gefangenenwelt wieder. Das Faszinosum, das

Potsdam, Pfingstberg, 1995

die Arbeit der Hohenbüchlers für viele Rezipienten ausstrahlt, liegt im Mythos der Schöpferkraft geistig kranker oder „verbrecherischer" Menschen begründet. Authentizität, Ursprünglichkeit, ungestüme Kraft, Unbändigkeit sind Merkmale, die immer wieder herangezogen werden, dieses Schaffen zu charakterisieren. Walter Morgenthaler spricht 1921, in Zusammenhang mit dem Werk Adolf Wölflis, von Formelementen, die „wohl roh und ungefüge, aber umso ursprünglicher sind".[1] In diesem Zitat wird das Bild vom kulturell unkonditionierten Künstler, einem Menschen, der (noch) nicht kulturgeschichtlich bzw. zivilisatorisch geprägt ist, vermittelt. Jean Dubuffet, Sammler der Kunst Geisteskranker und selbst Künstler, prägte in diesem Zusammenhang den Begriff „Art Brut": „Wir verstehen darunter Werke von Personen, die durch die Künstlerkultur keinen Schaden erlitten haben, bei denen also der Nachahmungstrieb, im Gegensatz zu dem, was beim Intellektuellen geschieht, wenig oder keinen Anteil hat, so daß die Autoren als Gestaltungsgegenstand verwendetes Material mittels der Umsetzung (Formelemente, Schreibarten) aus ihrem eigenen Inneren holen und nicht aus den Schubladen der klassischen Kunst oder der Kunstrichtung, die gerade in Mode ist. Wir wohnen hier dem ganz reinen künstlerischen Verfahren bei, einem „rohen" Verfahren, vollständig neu erfunden von seinem Autor in allen seinen Phasen, geschaffen allein aufgrund seiner eigenen Anstöße.

3,7 DAAD Galerie, Berlin, 1995

Eine Kunst also, in der sich allein die Funktion der Erfindung und nicht die, wie in der „kulturellen Kunst" üblich, des Chamäleons und des Affens manifestiert."[2]

Wir stoßen hier auf zwei aufschlußreiche Aspekte: Zum einen manifestiert sich ein Interesse an der Abkehr von einer mimetischen Abbildhafigkeit, ein Prozeß, der im 19. Jahrhundert begann und in der ersten Hälfte des 20. Jahrhunderts seinen Höhepunkt erreichte. Von „primitiven" Kulturen und dem Schaffen Geisteskranker angeregt, sahen gerade Avantgardekünstler in den „wilden, reinen, unverfälschten Werken unverbildeter Menschen" Quellen der eigenen Inspiration. Anfang unseres Jahrhunderts erweiterte sich das Verständnis von Kunst in hohem Maße und in diesem Zusammenhang wurde die Gestaltungskraft von „fremden" Völkern und Stämmen, aber auch die „innerer" Potentiale entdeckt. 1921 veröffentlichte der Psychiater Walter Morgenthaler „Adolf Wölfli – ein Geisteskranker als Künstler"[3], 1922 erschien „Die Bildnerei der Geisteskranken" des Arztes Hans Prinzhorn[4]. Künstler der „Brücke", die „Fauves", Pablo Picasso, George Braque, Paul Klee und die Surrealisten verarbeiteten in ihren eigenen Werken Anregungen „primitiver" Kulturen und psychisch Kranker. Die Theorien Freuds über das Vor- und Unbewußte[5] haben ebenfalls dazu beigetragen, sich mit dem „Urgrund der noch ungeformten Bilder" zu beschäftigen. In den 40er Jahren verlieh Jean Dubuffet mit der Propagierung einer „antikulturellen Kunst" den sozial unterdrückten Randexistenzen Künstlerstatus. Er ging dabei erstmals über die Produktionen Geisteskranker hinaus: Art Brut

Tisch, 1995 DAAD Galerie, Berlin, 1995

findet sich auch bei Gefangenen, Asozialen und Unverbildeten. Dubuffet war von deren Unbefangenheit und Kühnheit des künstlerischen Ausdrucks begeistert, den er als frei von kulturellen Normen ansah. Der Arzt Leo Navratil hat in den 6Oer Jahren nachgewiesen, daß schöpferische Funktionen bei allen Menschen identisch sind.[6] Die Beobachtung der zeichnerischen Entwicklung eines Kleinkindes wurde zur Bestätigung herangezogen. Der Geisteskranke behält nach dieser These seine schöpferischen Fähigkeiten, ja deren Zugang wird durch die Krankheit sogar erleichtert – in der Psychose z.B. durch die Mobilisierung der kreativen Grundfunktionen. Das Modell von Alfred Bader ist in diesem Zusammenhang ebenfalls erhellend: „Ich stelle mir den Ort, an dem unsere Träume entstehen, als einen Garten vor, der eingezäunt ist. In diesem Garten verliert das logische Denken seine Gültigkeit, man findet dort nur Irrationales. In privilegierten Momenten, wenn wir inspiriert sind, dürfen wir den Garten mit einem Fuß betreten. Dem Künstler ist es vielleicht

Schrank, 1995 Haus Lange, Krefeld, 1995

zuweilen erlaubt, ganz hinein zu gehen, das Tor des Zauns bleibt dann offen, er kann jederzeit wieder hinausgehen. Der Schizophrene hingegen, der die Verbindung mit der Realität verliert, bleibt in diesem Garten eingeschlossen. Das Kranksein liegt nicht am Garten, denn dieser ist ja in jedem Menschen vorhanden. Die Krankheit Schizophrenie liegt vielmehr darin, daß das Tor des Gartens versperrt ist und der Kranke zum Gefangenen wird. Das Funktionieren des Tores gibt den Ausschlag: Pathologie einerseits, Gesundheit und sogenannte Kreativität andererseits. Kunst wird nicht vom Alltagsmenschen geschaffen, der nur im Schlaf Zugang zu dem Garten findet und beim Erwachen all das beiseite schiebt, was er im Traum hat wahrnehmen können. Doch die Bildnerei der Schizophrenen entsteht per definitionem in diesem Garten. Der Schizophrene wirft wohl dann und wann Unkraut, öfter aber eine besondere Blüte über den Zaun. Der gesunde Künstler muß die Gnade abwarten können, das Tor des kreativen Gartens öffnen zu können, dadurch wird dieser zum eigentlichen ‚Zaubergarten' ".[7]

Man stößt hier auf den zweiten interessanten Aspekt in der Beschäftigung mit der Kunst aus der Gesellschaft Ausgeschlossener. Der Künstler – diesem Verständnis nach ebenfalls ein „Ausnahmemensch" – fühlt eine gewisse Affinität und ist angezogen von einer Kraft, die ihm nur in besonderen Momenten (siehe Bader) zuteil wird. Der unverstandene, aber geniale Künstler wird zu einem Symbol des Scheiterns an der Welt. Der vor- bzw. unzivilisierte Mensch ist den Ursprüngen der Kreativität näher, er hat unmittelbaren Anteil an der Schöpferkraft. Die Idee der Abnormität des Künstlerischen wurde von der Wissenschaft begierig aufgegriffen und die Nachbarschaft von Kunst und Irrsinn zu einem bevorzugten Forschungsgegenstand gemacht. Sigmund Freud schaffte mit seiner Theorie der Sublimierung aggressiver Triebenergien auf höhere (künstlerische) Ziele hin ein erstes Modell für den krankheitsnahen Ursprung alles Schöpferischen.[8] Von den Nationalsozialisten wurde dieses Interesse am Ursprung aller Schöpferkraft mißbraucht, indem die gesamte moderne Kunstproduktion als pathologisch, als krankhafter Auswuchs, diffamiert wurde.[9] Paradoxerweise hatte die Avantgarde selbst alle Argumente zu einer Verfolgung geliefert, die leicht ins Negative verkehrt werden konnten.

Das Bild des aus der Gesellschaft ausgegrenzten Künstlers wurde gerne mit jenem anderer Außenseiter kurzgeschlossen. Es ergaben sich aus dieser Haltung eine Reihe von möglichen Folgerollen für den Künstler: Er war Störfaktor, Mahner, Prophet, Clown und im schlimmsten Falle überflüssig. Die Idee des autonomen Schaffens einer (autonomen) Künstlerperson – zunächst aus Überlegungen geboren, sich aus der Beherrschung durch geistliche und weltliche Mächte zu befreien, hatte die Kunstschaffenden aus dem gesellschaftlichen Funktionszusammenhang gedrängt.

Die Hohenbüchlers kennen die historischen und theoretischen Zusammenhänge genauso wie die praktische Arbeit mit Behinderten, psychisch Kranken oder Inhaftierten. Menschen, die von ihrer Herkunft und Tätigkeit her nicht in das Kunstsystem eingebunden sind, sich aber einen spontanen Umgang mit Kunst erhalten haben und die

Mechanismen des Kunstbetriebes nicht kennen, gehören zu jenen, mit denen sie bevorzugt zusammenarbeiten. In ihren Texten schreiben die Hohenbüchlers immer wieder über die „Ursprünge von Kreativität", über die der Kranke, Wilde, Verbrecher verfügen soll. Dies mag auf den ersten Blick an Vorstellungen, wie wir sie bereits kennengelernt haben, erinnern, zeigt aber sehr schnell, daß sich ein anderes Verständnis dahinter verbirgt. „Dabei taucht immer wieder die Frage nach den Ursprüngen der Kreativität auf, die wahrscheinlich so wenig zu beweisen ist, wie die Frage nach der Existenz Gottes... Eines ist dabei sicher: Jedes gestaltende, innovative Handeln katalysiert, kanalisiert, erfreut, erstaunt, eröffnet neue Ausblicke in differente Perspektiven... Für uns ist Kreativität nicht mystisch konnotiert, es handelt sich vielmehr um ein ‚Handeln im Wagnis'."[10] Diese Äußerung zeigt, daß in erster Linie gesellschaftliches Handeln gemeint ist. Das „Wagnis" bedeutet, sich der Gesellschaft auszusetzen und nicht zu wissen, ob und welchen Erfolg man mit seinem Anliegen überhaupt haben kann. Die Hohenbüchlers sprechen in diesem Zusammenhang auch – in Analogie zu Karl Jaspers – von einem „Wagnis der Öffentlichkeit".[11]

Über die Idee der nicht kulturell konditionierten Schöpferkraft gelingt es den Künstlerinnen, an gängige Vorstellungen und vorhandene Legitimationsmodelle im Umgang mit Behinderten oder Gefangenen anzuschließen. Sie nützen den Aspekt des Exotischen und die Vorstellung

von Ursprünglichkeit, Unschuld und Authentizität, um Aufmerksamkeit zu erreichen. Dadurch schaffen sie es, Außenseiter in den gesellschaftlich akzeptierten Bereich Kunst einzuklinken, ihnen ein Forum zu geben. Das Feld sozialer Randgruppen wird mit jenem der Kunst kurzgeschlossen: Die Frage nach der gesellschaftlichen Relevanz von Kunst wird von den Hohenbüchlers mit sozialem Engagement beantwortet. „Bei der Zusammenarbeit mit Leuten, die gesellschaftlich an den Rand

Atelier, Berlin, 1995

gedrängt, ihren Platz zumeist in Institutionen einnehmen müssen, die sie in einen infantilen Zustand wiegen und zugleich der totalen Überprüfung und Kontrolle unterstellt, geht es uns um ein Hinhören auf deren Situation und Probleme, auch wenn es uns oft in totale Ratlosigkeit stürzt...
Es interessiert uns ein Abtasten der Gefühle, ein Neugier-Wecken, ...ein gegenseitiges Anregen und Austauschen und immer wieder der Versuch, verschiedene Bedeutungsebenen zu koppeln und „Welt" in das

abgeschlossene Institutionssystem zu bringen und umgekehrt dieses nach außen hin zu erweitern, in die Institution Kunst auszubreiten, und das alles in der Sprache eines materiellen, farbigen, erzählenden Ausdrucks."**12**

Die Position der Hohenbüchlers wird von der Kunstrezeption gerne über jene der anderen Beteiligten gestellt, obwohl die Künstlerinnen die anderen Mitwirkenden als gleichberechtigt betrachten. Dabei geht es ihnen gar nicht darum, Autorschaft aufzulösen, sondern sie wird im Sinne der „Multiplen Autorenschaft" einfach weitläufiger verstanden. Vorstellungen, Wissen, Erwartungshaltungen der Beteiligten kreuzen und verweben sich zu einem Miteinander. Deshalb taucht in ihren Überlegungen auch immer wieder die Metapher des Gewebes auf: Das „Gewebe", die „Musterung" einer Person wird als Eigenart akzeptiert und aufgegriffen. Texte werden ineinander geflochten und zu einem Spiel verknotet, bei dem man die einzelnen Autoren nicht mehr identifizieren kann.**13** Daß der Vorwurf der Instrumentalisierung auftaucht, hat mit der Schwierigkeit vieler Rezipienten, mehrere „Autoren" als gleichberechtigt zu akzeptieren, zu tun. Auch dieses hängt mit einer traditionellen Vorstellung des (einen) schöpferischen Künstlers zusammen, die von den Hohenbüchlers in Zweifel gezogen wird. Die Instrumentalisierung der

12 Galerie Barbara Weiss, Berlin, 1995

Behinderten, Kranken, Gefangenen setzt bereits weit früher ein als die Arbeit der Hohenbüchlers und ist nichts anderes als ein Produkt gesellschaftlicher Organisationsformen. Die Betroffenen werden von der Gesellschaft isoliert, um nicht sehen zu müssen, wo das System nicht funktioniert, bzw. wo es seine Schwächen hat. Der potentielle Beleg hierfür wird mit den Behinderten, Kranken und Gefangenen weggepackt. Die Insassen können oder dürfen keine eigenen Entscheidungen treffen, andere übernehmen diese Rolle. Die Arbeit der Hohenbüchlers setzt genau bei diesen Mißständen an: Die Menschen werden spielerisch ermutigt, sich zu entscheiden, für Mitmachen oder Aussetzen, für dieses Material oder jenes, für diese Farbe oder jene, kleine Schritte, aber eine Grundlage des Vertrauensverhältnisses ihrer Zusammenarbeit. Die Vorgangsweise der Hohenbüchlers unterscheidet sich in dieser Hinsicht von anderen Modellen der Behindertenbetreuung. Sie gehören zu den wenigen Künstlern, die nicht nur mit den Betroffenen arbeiten, ihnen Anregungen bieten, sie zum Kommunizieren motivieren, sondern deren eigenes Arbeiten sich durch die Auseinandersetzung mit ihnen verändert. Die Hohenbüchlers machen ebenso viele Ausstellungen mit ausschließlich „eigenen" Projekten wie sie Gemeinschaftsunternehmen initiieren. Sie akzeptieren die institutionellen Mechanismen als Ausgangsbasis ihrer Arbeit; sie werden als Rahmen begriffen, der von anderen gesetzt wurde. Die Hohenbüchlers wissen, daß ihre persönlichen Möglichkeiten, das System generell zu verändern, begrenzt sind. Stattdessen wird auf punktuelle Aktivität, auf persönlichen Einsatz und Aufklärungsarbeit gesetzt. „Die Maschen in einem engporigen Gewebe zu weiten", ist eines der erklärten Ziele der Hohenbüchlers.

Mit jeder engagierten Arbeit stellt sich auch stets die Frage nach dem sozialen Impetus. Vor allem Frauen wird und wurde ja immer wieder ein „Helfersyndrom" nachzuweisen versucht, ein Sachverhalt, der mehr mit Traditionen als tatsächlichen Begabungen zu tun haben könnte. Die Hohenbüchlers deuten durch ihre Tätigkeiten des Strickens, Nähens und Webens zusätzlich auf typisch weibliche Beschäftigungsfelder hin und verstärken so diese Vermutung. „Vielleicht ist das übermittelte kulturelle Erbe vom Bild der Frau in der sozialen Rolle prägend, vielleicht findet eine Identifikation Künstler/Frau mit der ausgegrenzten Person im Kampf um das Dazugehören statt..."**[14]**, äußert Irene Hohenbüchler in einem Fax an ihre Schwester. Zwischen der sozialen Aufgabe und der Rolle der Frau wird eine Verbindung geknüpft und das reibungslose Funktionieren dieser Allianz gleichzeitig in Frage gestellt. In einer ihrer letzten Ausstellungen, in der DAAD-Galerie in Berlin, waren die Hohenbüchlers an den Nachmittagen stets dort anzutreffen, haben gewebt und genäht und an einem etablierten Ort für Kunst ein traditionelle Vorstellung von typisch weiblichen Tätigkeiten genährt. Liest man ihre Texte, die – analog zu ihrer praktischen künstlerischen Arbeit – Kompilate aus verschiedenen Quellen darstellen, so zeigt sich ein breit gefächertes Interesse, das den Boden klischeehafter Weiblichkeit verläßt: Michel Foucault, Slavo Zizek, Jacques Lacan, Julia Kristeva bieten genauso Anregungen wie Virginia Woolf, Sommerset Maugham, Elfriede Jelinek oder Träume, der Briefwechsel mit Freunden, die Familie. Die Hohenbüchlers greifen jedoch bestimmte Bilder von Weiblichkeit auf und setzen sich mit ihnen auseinander, auch weil oft keine anderen zur Verfügung stehen. Sie formulieren hier genauso eine Suche nach Identität wie sie es z.B. in ihrer engagierten

Arbeit mit Behinderten tun. Die Hohenbüchlers ziehen nicht nur den Mythos vom ursprünglichen Schaffen heran, sondern bemühen auch andere tradierte Vorstellungen (Frauenkunst, Sozialarbeit), um zu enge Sichtweisen in Bezug auf Kunst und Gesellschaft aufzubrechen. Über ihre Arbeit decken sie gesellschaftliche Mechanismen auf, die Diskriminierung zur Folge haben. Mit ihren Projekten rücken die Hohenbüchlers Bereiche in unser Blickfeld, die man in ihrer Brisanz gerne ausklammern würde. Sie setzen sich aber auch mit ihrer Rolle als Künstlerinnen auseinander

19...-19... Haus Lange, Krefeld, 1995

und sezieren das Funktionieren des Kunstbetriebes, mit ein Grund, warum sie gerne mit anderen arbeiten. „Uns stört dieses In-Sich-Kreisen der Kunstszene. Man kennt sich bald und trifft sich immer wieder. Mir kommt das absurd vor."[15] Die Höhenbüchlers bohren in Wunden der Gesellschaft: Sie liefern scheinbar genau das, was wir erwarten, wären da nicht diese kleinen Irritationen…

---

1 Walter Morgenthaler: Adolf Wölfi – Ein Geisteskranker als Künstler, Bern, Leipzig 1921, S. 90
2 Jean Dubuffet: Art Brut statt kultureller Künste, Vorwort im Katalog der Ausstellung René Drouin (Oktober) 1949, in: Gerd Presler, Kunst zwischen Genialität und Wahnsinn, Köln 1981, S. 165
3 Walter Morgenthaler, a.a.O.
4 Hans Prinzhorn: Die Bildnerei der Geisteskranken, Heidelberg 1922
5 Sigmund Freud: Vorlesungen zur Einführung in die Psychoanalyse, 1916/17 und Neue Folge der Vorlesungen zur Einführung in die Psychoanalyse 1933, in: Psychoanalyse, Kunst und Kreativität heute, Hrsg: H. Kraft, Köln 1984
6 Leo Navratil: Schizophrenie und Kunst, München 1965
7 Alfred Bader: Kreativität und Wahnsinn, in: Bild und Seele. Über Art

Schrank, 1995 Haus Lange, Krefeld, 1995

Brut und Outsider-Kunst, Kunstforum International, Bd. 101, Juni 1989, S. 132
8 Sigmund Freud, a.a.O.
9 Siehe Katalog zur Ausstellung „Entartete Kunst", München, 1939, reprint, Köln 1986
10 Irene Hohenbüchler, „Liebe(r)…!, Fax 1994
11 diess., a.a.O.
12 diess., a.a.O.
13 Die Rhizomatik von Deleuze und Guattari spielt in diesem Zusammenhang ebenfalls eine wesentliche Rolle. G. Deleuze und F. Guattari, Einleitung: Rhizom, in: Tausend Plateaus, Berlin 1992, S. 11-43
14 Hohenbüchler, a.a.O.
15 diess., „Was macht ihr abends denn so?", Interview M. Babias mit I.u.C. Hohenbüchler, in: Zitty, 7/95, S. 73

19…-19… Haus Lange, Krefeld, 1995

Herbar-Schrank, 1991 Haus Lange, Krefeld, 1995

Ausschnitt

Marius Babias

(Gemüseladen)

„Habense ne angetatschte Gurke?" fragt der Käufer.
„Nee, aber ich kann eine runterschmeißen, dann ist sie angetatscht", erwidert der Verkäufer.
„Habense nicht son Arbeitslosenkorb oder wie das heißt", fragt der Käufer.
„Könnse sich überhaupt legitimieren?" fragt der Verkäufer.
„Ich bin nicht arbeitslos."
„Sie brauchen ja nicht arbeitslos sein, Sie können auch was anderes sein", sagt der Verkäufer.
„Ich bin nicht arbeitslos."
„Ich schau mal, ob ich was finde", sagt die Verkäuferin.
„Ich dachte, das heißt Korb für geistig Minderbemittelte, weil die sich doch so schwer durchsetzen können", sagt der Käufer.
„Der Spruch ist schön, der verdient was umsonst. Hier ist die Gurke", sagt die Verkäuferin und reicht sie über den Glastresen. Die Gurke ist lang, schmal und knackig. Kein bräunlich faulender Fleck unterbricht ihre tiefgrüne Oberfläche.
„Fünfzig Pfennig", sagt der Käufer. Er legt die Münze hin und geht hinaus, die Gurke tief in die Plastiktasche steckend. Die Verkäuferin schüttelt den Kopf.
„So geht das den ganzen Tag, lauter Schnorrer. Was glauben Sie, was alles wegkommt, alles", sagt der Verkäufer und wuchtet eine Tomatenkiste hoch und läßt die Tomaten in die Auslage rollen.
„Bitte, was nehmen wir?" fragt die Verkäuferin.
„Zehn Gurken", sagt Badur, „aber nicht zu frische. Sie können ruhig einige Tage alt sein."
„Alte Gurken, was wollen Sie mit alten Gurken? Hier sind sehr schöne aus Israel, einsfünfzig das Stück."
„Oder Zucchini, die schon einige Tage stehen. Eventuell auch Bananen, aber Gurken wären mir lieber."
„Also, Bananen haben wir schon da, sehr schöne Bananen. Zum Essen genau richtig", sagt die Verkäuferin.
„Gurken sind mir lieber als Bananen, reife Gurken, überreife Gurken, die Sie weggeben würden. Oder Zucchini, Bananen lieber nicht", erwidert Badur.
„Zum Essen genau richtig", wiederholt die Verkäuferin.
„Verstehen Sie, ich will die Gurken nicht essen, ich will sie bloß kaufen, Gurken oder Zucchini."
„Ich schau mal, ob ich im Lager was finde", sagt die Verkäuferin und kommt hinter der Theke hervor und stößt an ihrer Endkante mit dem Verkäufer zusammen, der eine zweite Kiste Tomaten hochhievt und ausleert.
„Zehn Stück", ruft Badur der hinter einem rosenbemusterten Plastikvorhang in den Nebenraum verschwindenden Verkäuferin hinterher. Die Verkäuferin steckt hinter dem Plastikvorhang den

Kopf heraus und der Vorhang raschelt, und nickt, daß sie verstanden hat. Unter dem raschelnden Vorhang ragt die Schuhspitze der Verkäuferin hervor, die Spitze von Turnschuhen. Dann verschwinden Kopf und Schuhspitze wieder hinter dem Vorhang, und die Rosen auf seinen Wellen sind rot. Die Rosen sind rot und großzügig auf den Wellen verteilt. Eine, rechts oben zwischen zwei Wölbungen, ist weiß und genauso groß und grob gezeichnet wie die roten. Aufgrund der starken Flächenpräsenz der anderen fällt diese eine kaum auf. Auch liegt sie in der Senke und nicht auf der Wölbung und fällt über die Oberfläche hinaus auch räumlich zurück. Die Farbe verursacht die Differenz. Badur betrachtet den Fehler nicht als Fehler, sondern als logisch im System, denn die Rosen erscheinen gerade deshalb als rot, weil sich eine weiße darunter befindet. Dieser Fleck drückt nicht Kontrast, sondern Harmonie aus. Durch einen winzigen Fehler gewinnt jedes Muster Kontur. Dimensionalität, Fläche und Farbe definieren jeden Gegenstand durch Abweichung von anderen Gegenständen. Schon eines von drei Elementen als Fehler genügt. Dann rücken rote Rosen, durch eine einzige weiße Rose provoziert, enger auf dem Vorhang zusammen und näher an den Betrachter heran.

„Wenn Sie mal schauen wollen", sagt die Verkäuferin hinter dem Vorhang. Zuerst kommt ihre rechte Hand hervor und dann die Schuhspitze und dann der Kopf und zuletzt ihre andere Hand mit einer Tüte voll Gurken. Dann erst kommt die Masse des Körpers hinter dem Vorhang hervor und gleitet zweigeteilt hinter die Verkaufstheke. Der Unterkörper verschwindet und der Oberkörper der Verkäuferin rückt näher an den Betrachter heran. Badur betrachtet das Fehlen der Beine nicht als Fehler, sondern als logisch für das körperliche System.

„Aber essen, ich weiß nicht", bemerkt der Verkäufer und hievt eine zweite Kiste südafrikanischer Pflaumen hoch und läßt sie in die Auslage rollen. „Ich will sie nicht essen, sondern kaufen. Von den Pflaumen bitte zwei Kilo", erwidert Badur. „So süß, wunderbar sind die", sagt die Verkäuferin und reicht die Tüte mit den Gurken herüber und wiegt die runden gelben Pflaumen ab. Badur befühlt die faulweichen Gurken und dann die großen saftigen Pflaumen in der Papiertüte, welche die Verkäuferin hinterherreicht.

„Das ist alles", sagt er.

„Die Gurken fünfzig Pfennig pro Stück, elf Mark dann zusammen", verlangt die Verkäuferin und Badur bezahlt mit einem 20-Mark-Schein und wartet auf das Wechselgeld, das die Verkäuferin aus der Blechschatulle zusammenkratzt. Der Verkäufer verschwindet spurlos hinter dem rosenbemusterten Vorhang in den Nebenraum. Er taucht mit einer vollen Kiste grüner Paprika wieder auf. In diesem Augenblick reicht die Verkäuferin das Wechselgeld zurück. Auf ihrer flach ausgestreckten Hand liegen die Münzen.

(Straße)

Ästhetik kommuniziert, resümmiert Badur seinen Besuch im Gemüseladen, durch Farben. Es ist eine Art logischer Mechanismus, der Nachrichten aus einem bestimmten Sinnesmodus in einen anderen Sinnesmodus zu übertragen gestattet. Was man sieht, kann man in Wörter übersetzen und was man hört: ebenfalls. Badur sieht auf der Straße Papierschnitzel, leere Flaschen und Dreckhaufen herumliegen, und was er sieht, kann er mit den Wörtern Papierschnitzel, leere Flaschen und Dreckhaufen bezeichnen. Er kann die visuellen Nachrichten aber auch in einem einzigen Wort ausdrücken. Er kann Straßendreck sagen, und dieses eine Wort faßt die visuellen Nachrichten ebenso zusammen wie ihre Aufzählung. Bei Geruchsnachrichten verläuft die Begriffsbildung ähnlich. Er kann den Straßendreck riechen anstatt sehen und für den Gestank trotzdem ein ähnliches oder dasselbe Wort: Straßendreck wählen. Er kann auch sagen: es stinkt. Aber dieses „es stinkt" stellt mehr eine Reaktion auf die Nachricht als ihre sprachliche Übersetzung dar, die Vorstufe des Begriffs sozusagen. Der Begriff selbst ist immer die Endstufe der Nachricht, ob visuell, auditiv oder haptisch.

Vom Mehringplatz bis zur Oranienstraße und zur Schule hinauf ist das Erscheinungsbild der Kochstraße ein Konglomerat von Symbolen, die er visuell wahrnimmt, in Begriffe übersetzt und diese zu einer Art Straßengrammatik zusammenfügt. So bilden sich Regeln und die Regeln ein System. Manchmal geschieht es durch Hören, Riechen und Schmecken; er schmeckt zum Beispiel und riecht Staub, Rauch und Abgase gleichzeitig. Staub und Abgase kann man nicht hören, aber dafür den Wind, der die Gerüche als Geräusche weiterträgt.

Meistens geschieht die Wahrnehmung visuell. Er sieht das Symbol und nennt sofort den Begriff. Er ist jahrelang Tag für Tag diese Straße auf und ab gegangen und kennt ihre Regeln, er durchschaut das System, das sich chaotisch aus unterschiedlichen Nachrichten und Sinnesmodi zusammensetzt, als wohlgeordnet. Natürlich gibt es auch neue, unbekannte Symbole zu entdecken, aber vor dem Hintergrund der gespeicherten Grammatik verläuft ihre Benennung und Einordnung problemlos. Und weil die Übersetzung von Nachrichten immer in sprachliche Begriffe kulminiert, ist für das Kategorisieren von neuen Symbolen auch der Sinnesmodus ihrer Übermittlung von zweitrangigem Interesse. Er tritt beispielsweise auf etwas Weiches und spürt unter den Füßen, wie es auseinanderflutscht, ohne zu sehen, zu riechen und zu schmecken, was es ist. Dennoch wirft ihm ein Impuls sofort den Begriff zu. Er blickt, um den Zusammenhang zu verifizieren, zu Boden herab und entdeckt: Scheiße als materielle Erscheinung und Scheiße als Begriff.

Ohne die Fähigkeit, die chaotisch auf seine Sinne niederprasselnden Nachrichten in ein sprachliches Begriffssystem überzuführen, wäre auch ein vernünftiges Handeln nicht möglich. Ohne vernünftiges Handeln kein Ziel. Die Straße gibt ein Beispiel dafür, daß, anhand ihrer Symbole, das Chaos strukturiert werden kann. Die Folge ist eine Orientierungshilfe beim Gehen, Schritt für Schritt dem Ziel zu. Dieses kann ein geographisches oder ein imaginäres sein, sein als Durchdringung und als Handlungsnotwendigkeit von Komplexität strukturiertes Muster wird aber immer gleich bleiben.

(Gemischtwarenhandel)

Kurz bevor er zur Schule in die Oranienstraße abbiegt, betritt Badur ein Geschäft, das neben Toiletten- und Haushaltsartikeln auch Lebensmittel führt. Die Decke geht hoch und die Aluminium- und

Holzregale gehen tief nach oben und nach hinten in den Raum hinein. Der Boden ist gleich lang und gleich breit wie die Decke. Dasselbe gilt für die Wände: sie bilden sich nicht nur gegenseitig nach gegenüber ab, Badur ist sicher, daß die Wände Boden und Decke sogar abbilden, wenn man den Boden und die Decke um 90 Grad nach oben oder unten zur Seite klappt. Die Höhe der Decke entspricht dabei der Länge des Bodens, folglich ist der Raum ein Quader. Seine geometrische Klarheit läßt die Waren in den Regalen würdevoll aussehen, obwohl es sich durchweg um Discount- und nicht um Markenartikel handelt. Ähnliches gilt für die verbogenen Aluminiumleisten und für das brüchige und farblose Holz. Die geometrische Klarheit des Quaders, der weiße Anstrich der Wände und das schräg fallende Licht statten die Waren mit einer gewissen Kaufberechtigung aus. Was auf dem ersten Blick billig aussieht, entpuppt sich schnell, der räumlichen Wirkung wegen, als eine dem Verkauf förderliche Methode. Raum hebt Oberfläche auf. Badur betrachtet die Discountartikel nicht als Fehler, sondern als logisch im Einkaufsytem. Dieselbe Strategie verfolgt die Verkäuferin: sie sitzt an der Kasse und kassiert, anstatt zu bedienen.

Badur schiebt den Einkaufswagen vor die Regale mit den Toilettenartikeln. Er greift zehn Zahnbürsten zu 1.95 heraus und wirft zwei davon in und die restlichen acht neben die Tüte mit Obst und Gemüse in den Einkaufswagen. Er greift noch einmal ins Regal, um die fehlenden zwei Stück zu ergänzen. Er braucht, also nimmt er zehn Stück. Er nimmt zusätzlich zwei Zahnbürsten, aber er bezahlt sie nicht. Er bezahlt zehn und kriegt zwölf. Die Plastiktüte hat eine trübmilchige Färbung und man kann von außen nicht sehen, was innen passiert. Badur erkennt Umrisse von Obst und Gemüse, aber keine Zahnbürsten. Wahrscheinlich liegen sie gutvermischt mit dem Obst und dem Gemüse auf dem Grund.

Er wechselt vom Käufer zur Verkäuferin hin die perspektivische Seite. Er versucht, sich in die Verkäuferin hineinzuversetzen und mit ihren Augen zu sehen. Er entdeckt immer noch nichts. Er entdeckt weder als Käufer noch als Verkäufer etwas von den Zahnbürsten. Er versucht noch einmal: Verkäuferin spielen. Dazu gehört, daß er Stumpfsinn und Langeweile herbeiimaginiert und aus sich als Käufer hinaus und dann wieder in sich als Verkäufer hineinprojiziert. Trübung der Sehschärfe, auf jeden Fall. Trübung und Streuung. Stumpfsinn macht blind, weniger nach innen, mehr nach außen gerichtet. Er reduziert die Komplexität folgendermaßen.

Zwar ist jede Einkaufssituation chaotisch aus Einzelelementen zusammengesetzt, aber es gibt Regeln und Rituale, Zahlen und nicht Stehlen. Wer sich stur daran hält, verhilft dem Regelwerk zu einer Art poietischer Dauerexistenz. Wo nichts geklaut wird, schlittern sowohl Käufer als auch Verkäufer immer tiefer in den Stumpfsinn hinein. Das ist Badurs Hauptargument gegen Bezahlen und für Stehlen. Beim Diebstahl werden beide Seiten in Atem gehalten. Der Käufer überlegt, wie er das Überwachungssystem überlisten kann. Der Verkäufer kümmert sich um Abwehr und Vereitelung. So entsteht ein spannendes Spiel, bei dem die Waren teilweise ihren Fetischcharakter verlieren. Deshalb betrachtet er den Diebstahl nicht als Fehler, sondern als logisch in einem lebendigen Einkaufssystem.

Badur schiebt den Einkaufswagen vor das Regal mit dem Klopapier und den Klobürsten. In einem weißangestrichenen Plastikkorb liegen zwei, aber er benötigt zehn, am besten zehn gleichfarbige, zehn graue oder weiße Klobürsten. Diese beiden sind blau anstatt grau oder weiß. Blaue sind ihm zu kühl und weiße Farben zu neutral. Er braucht zehn graue, aber er nimmt, weil keine zehn graue da sind, zwei blaue Klobürsten mit, verschweißt, im Klobürstenhalter. Dann schiebt er den Einkaufswagen auf die Kasse zu, beobachtet die Verkäuferin und steckt an der Stelle, wo er den toten Winkel der Videokamera vermutet, Süßigkeiten ein. Schokoriegel und Marzipan. Er stopft das Zeug in die Hosentaschen.

Perspektivisch vom Käufer zur Verkäuferin hin die Seite wechselnd, stellt er sich vor, daß er mit ihren Augen auf seine eigene Hose schaut. Sich selbst von gegenüber betrachtend, entdeckt er zwei

19...-19... Haus Lange, Krefeld, 1995

gutgepolsterte Hoden. Möglicherweise bekommt die Verkäuferin einen Schreck. Gleichzeitig bedeutet es Schutz vor Kontrollen. Sein Einfall bewirkt zweierlei, Irritation des Verkäufers und Selbstschutz des Käufers zugleich. Badur fragt die Verkäuferin, ob er mehr Klobürsten kriegen kann.

(Straße)

Er freut sich diebisch, daß die Überrumpelungstaktik geklappt hat. Normalerweise ist der Effekt erst dann ausgereizt, wenn er dem Überrumpelten ins Gesicht lachen kann. Sein Lachen setzt bei demjenigen das Bewußtsein, wehrlos zu sein, voraus.

(Schule)

Bei seinen Kunststudenten setzt er zusätzlich zum Bewußtsein der Wehrlosigkeit eine psychische Öffnung voraus. Zuerst Ausbruch und dann Entladung des von ihm, Badur, provozierten Ekels. Wo Ekel durch Ekel ausbricht, ist seine Befriedigung am größten. Deshalb kauft und klaut er ja: Obst, faules Gemüse, Klo- und Zahnbürsten. Ästhetik wird immer durch Anti-Ästhetik definiert, Schönheit ist Schönheit minus Ekel. Es gibt Kollegen, die den Ekel zum Stilprinzip erheben. Er hingegen, Badur, formuliert Ekel nicht als stilprinzipiell, sondern als stilbildend. Zum Beispiel durch faule Gurken, diese fördern auf visuellem, geruchlichem und unter Umständen auch auf haptischem Wege den physischen Ekel. Insbesondere strapazieren faule Gurken den Geschmackssinn. Besiegt den Geschmack, predigt er seinen Studenten, werdet geschmacklos. Ekel durch Ekel bekämpfen. Esst faules Obst und faules Gemüse, trinkt Bier, das keinen Schaum mehr schlägt, alten Tee oder kalten Kaffee. Unterstützt den Geschmacksverlust durch andere Sinnesverfahren, beleidigt eure Augen durch schmutzige Bilder, eure Ohren mit schlechter Musik. Auf Hinterhöfen: Mülltonnen aufmachen und einriechen, was an Gestank heraufschwebt. Seiner Analyse zufolge gilt der Grundsatz, daß Ekel nur durch Ekel überwunden werden kann. Physischer Ekel mehr durch psychischen als umgekehrt. Weil die physischen unmittelbarer und direkter einwirken als die psychischen Verfahren, muß ihnen auch die größere Aufmerksamkeit zuteil werden. Psyche ist theoretisch und Physis sozusagen an der Praxis orientiert. Der psychische Ekel muß nach dem Modell eines Straßen- oder eines Einkaufssystems sprachlich erzeugt und sprachlich übermittelt werden. Codierung und Decodierung von Nachrichten. Insgesamt legt der Impuls einen längeren und subtileren Weg zurück. Übersetzungen, Anweisungen, Irrtümer. Psychische Impulse haben einen verspielten Charakter. Das Beispiel mit dem Obst aus Südafrika belegt außerdem ihre Anfälligkeit für Interpretationen. Persönliche Deutungen, Ungenauigkeiten oder Vieldeutigkeiten sind möglich. Wenn er mit den Pflaumen aus Südafrika die Anweisung, sie zu essen, verbindet, passiert ebendies: Verwirrung und Streuung anstatt Einengung der Wirkung. Trotzdem führt er das Experiment aus folgendem Grund durch. Wie Geruchssinn, Tastsinn, Optik und Akustik den Geschmackssinn zerstören und Geschmacklosigkeit entstehen helfen, so unterstützen, die psychischen insgesamt die psychischen Ekel daher nicht als Fehler, sondern als logisch für das physische System.

- *Jens Peter Jacobsen* *Garamond*
  Niels Lyhne, 1880
- Virginia Woolf: Eras Book
  Die Dame im Spiegel, 1943
- Raimer Maria Rilke Bodoni
  Briefe an einen jungen Dichter, 1903
  Die Weise von Liebe und Tod des Cornets Christoph Rilke, 1899
- Adalbert Stifter Schrift
  Brigitta, 1843
- Jacob und Wilhelm Grimm Schrift
  Kinder und Hausmärchen, 1819
- Yoko Tawada Eurostile
  Ein Gast, 1993
- Hilde Sieg Berlin
  Gottessegen der Kräuter, 1953
- Bruno Bettelheim Times
  The Uses of Enchantment, 1975
- Julia Kristeva Kabel Book
  Die Revolution der poetischen Sprache, 1974

...there is a role shift...

Hans-Ulrich Obrist

there is a role shift away from the lonely genius and superego towards a much more modest team oriented and all-inclusive working method.

The book is another vehicle, surrounded by many other vehicles worth being explored.

In the 1960s there was the idea of an Open University

INCLUSIVE

You mean the potential of their collective experience

Autonomous zones.

the complementariness between the specialist and the amateur. Besides this there is a complementariness of medias.

Horizontality gradually replacing vertical trees. In brain science there has been most recently a strong emphasis on parallel processors, the top down structure of the brain being replaced by Deleuze-Guattari structures.

Quellen der Textbilder/Sources for the text-images

Extract

Marius Babias

(Greengrocer's shop)

"Have you got a bashed cucumber?" asks the customer.
"No, but I can drop one on the floor, then it'll be bashed," retorts the greengrocer.
"Don't you have a box for the unemployed or whatever it's called," asks the customer.
"Do you even have any proof?" asks the greengrocer.
"I'm not unemployed."
"Well, you don't have to be unemployed. You can be something else," says the greengrocer.
"I'll have a look, and see if I find anything," says the saleswoman.
"I thought it was called the box for the intellectually less well-endowed, because it's so hard for them to assert themselves," says the customer.
"It's a nice thought, it deserves something in return. Here's the cucumber," says the saleswoman and hands it over the glass counter. The cucumber is long, narrow and crisp. No brownish rotten spot spoils its deep green surface.
"Fifty pfennigs," says the customer. He puts the coin down and goes out, pushing the cucumber deep into his plastic bag. The saleswoman shakes her head.
"It's the same all day long, nothing but scroungers. You wouldn't believe what we get rid off, we get rid off everything," says the greengrocer and heaves up a box of tomatoes and empties it into the window display.
"Terrible. Can I help you?" asks the saleswoman.
"Ten cucumbers," says Badur, "but not too fresh. I don't mind if they're a few days old."
"Old cucumbers, what do you want old cucumbers for? There are very nice ones here from Israel, one mark fifty each."
"Or courgettes that are already a few days old. Possibly even bananas, but I would prefer cucumbers."
"Well, we've certainly got bananas, very nice bananas. Just ready to eat," says the saleswoman.
"I prefer cucumbers to bananas, ripe cucumbers, overripe cucumbers you would otherwise give away. Or courgettes. I'd rather not have bananas," replies Badur.
"Just ready to eat," repeats the saleswoman.
"You see, I don't want to eat the cucumbers, I just want to buy them, cucumbers or courgettes."
"I'll see if there's anything in the storeroom," says the saleswoman, comes out from behind the counter and at the far end bumps into the greengrocer who is heaving up and emptying a second box of tomatoes.
"Ten, if you have them," Badur calls after the saleswoman disappearing into the storeroom behind a rose pattern plastic curtain. The saleswoman sticks her head out from behind the plastic curtain and the curtain rustles, and nods, to show that she has understood.

wenn jemand hinsieht ... durch unzählige Überraschungen gehen wie in einem neuen Traum. S16 ... das strahlende GOLD der Fee war wieder zu welkem Laub geworden . S4? ... dies dauerte längere Zeit ... daß mich mit schönen Augen banne, daß ich immer stehen müsse, daß ich keinen Fuß heben könne ... aber wir haben es vergessen. S40 ... daß sie beständig sie selbst wurde in der Verkleidung, und daß sie ihn gleichsam nötigte ... S14 und es war nichts da, ... war völlig leer. S50 dem Vorhang zwischen den Beiden war nun , und das Schicksal ging ...

The toe of the saleswoman's shoe protrudes under the rustling curtain, the toe of a pair of trainers. Then head and toe disappear behind the curtain again, and the roses on its folds are red. The roses are red and generously distributed across the folds. One, in the top right-hand corner, between two curves, is white and just as large and crudely drawn as the red ones. Because the others are well represented, it is hardly noticeable. Furthermore, it is in the depression and not on the fold and is therefore also spatially set back. The colour makes the difference. Badur does not regard the mistake as a mistake, but as a logical part of the system, because the roses appear as red precisely because there is a white among them. This blemish expresses not contrast, but harmony. Every pattern becomes more distinct because of a tiny mistake. Dimensionality, surface and colour define every object by deviation from other objects. A mistake in just one of the three elements is sufficient. Then the red roses, provoked by a single white rose, bunch together on the curtain and move closer to the beholder.

"If you'd like to take a look," says the saleswoman behind the curtain. First her right hand emerges, then the toe of her shoe and then her head and finally her other hand with a bag full of cucumbers. Only then does the mass of her body appear from behind the curtain and slides, divided in two, behind the shop counter. The lower half of the body disappears and the upper half of the saleswoman's body comes closer to the beholder. Badur does not regard the absence of the legs as a mistake but as a logical aspect of the body as a system.

"But I don't know if they're any good for eating," remarks the greengrocer and heaves up a second case of South African plums and lets them roll into the window display.

"I don't want to eat them, but buy them. Two kilos of the plums, please," retorts Badur.

"So sweet, they're wonderful," says the saleswoman and hands over the bag with the cucumbers and weighs out the round yellow plums. Badur runs his fingers over the soft rotting cucumbers and then the big juicy plums in the paper bag, which the saleswoman hands over to him.

"That's all," he says.

"The cucumbers are fifty pfennigs each, so eleven marks altogether," demands the saleswoman and Badur pays with a twenty mark note and waits for the change which the saleswoman scrapes together out of the tin box. The greengrocer disappears without a trace behind the rose-patterned curtain. He re-emerges with a full box of green peppers. At that moment the saleswoman hands back the change. The coins lie in her flat outstretched hand.

(Street)

Aesthetics communicates, Badur sums up his visit to the greengrocer's, through colours. It is a kind of logical mechanism, which permits information from one particular sensory mode to be transferred into another sensory mode. What is seen, can be translated into words and, likewise, what is heard. In the street Badur sees scraps of paper, empty bottles and piles of muck lying around, and he can denote what he sees with the words scraps of paper, empty bottles and piles of muck. He can, however, also express the visual information with a single word. He can say rubbish, and this single word sums up the visual information just as well as a list. The formation of concepts proceeds in a similar way with smells. He can smell instead of see the rubbish and nevertheless choose a similar or the same word for the smells: rubbish. He can also say: it smells. But this "it smells" represents more a reaction for the information than its translation into language, the preliminary stage of the concept, so to speak. The concept itself is always the final stage of the information, whether visual, auditory or haptic.

From Mehringplatz to Oranienstrasse and up to the school, Kochstrasse appears as a conglomeration of symbols, which he distinguishes visually, translates into concepts and fits together as a street grammar. So rules are formed and the rules form a system. Sometimes it happens by way of hearing, smelling and tasting; for example, he simultaneously tastes and smells dust, smoke and exhaust fumes. One cannot hear dust and exhaust fumes, but one can hear the wind, which bears the smells as sounds. Usually perception takes place visually. He sees the symbol and immediately names the concept. He has walked up and down this street every day for years and knows its rules, he understands the system, which is chaotically composed of a variety of items of information and sensory modes, as well-ordered. Of course there are also new unknown symbols to be discovered, but against the background of accumulated grammar, naming and classifying them proceeds unproblematically. And because the translation of items of information always culminates in linguistic concepts, the sensory mode of transmission is also of secondary importance for their categorisation. For instance he steps on something soft and feels it squelch underfoot, without seeing, smelling and tasting what it is. Nevertheless, an impulse immediately shoots him the concept. He looks down at the ground, so as to verify the correlation, and discovers: shit as material manifestation and shit as concept.

Without the capacity for transferring the information chaotically raining down onto his senses, into a linguistic conceptual system, rational behaviour would not be possible. Without rational behaviour there can be no goal. The example of the street demonstrates, by way of its symbols, that chaos can be structured. The result is that one does have a guideline while walking step by step towards one's goal. This can be geographical or imaginary, however, its complex pattern of exploration and behavioural necessity will always remain constant.

(General store)

Just before he turns the corner to the school in Oranienstrasse, Badur enters a shop, which besides toilet and household articles also stocks groceries. The ceiling is high and the aluminium and wood shelves stretch far up the wall and deep inside the space. The floor is the same length and the same width as the ceiling. It's the same with the walls: they not only reciprocally reflect one another, Badur is certain that the walls, floor and ceiling even reflect one another if floor and ceiling are turned ninety degrees to the side up or down. The height of the ceiling corresponds to the length of the floor, consequently the room is a cube. Such geometric clarity lends the goods on the shelves an appearance of dignity, although they are without exception discount and not branded articles. The same is true of the bent aluminium strips and the cracked and colourless wood. The geometric clarity of the cube, the white painted walls and the diagonally falling light invest the goods with

Gewebe, 1995 Haus Lange, Krefeld, 1995

a certain entitlement to be purchased. Thanks to the spatial effect, what at first glance looks cheap is quickly revealed to be a method conducive to buying. Space neutralises surface. Badur regards the discount articles not as mistakes but as part of the logic of the shopping system. The sales assistant pursues the same strategy: she sits at the check out and takes the money instead of serving.

Badur pushes the shopping trolley to the shelves with the toilet articles. He picks up ten tooth brushes at one mark ninety five and throws two of them into and the remaining eight beside the bag with fruit and vegetables in the shopping trolley. He reaches out to the shelf again, to add the two that are missing. He needs, therefore he takes ten. He takes two further tooth brushes, but he does not pay for them. He pays for ten and gets twelve. The plastic bag is an opaque milky colour and it is impossible to see from the outside, what is going on inside. Badur can make out the outlines of fruit and vegetables, but no tooth brushes. Presumably they are lying mixed up with the fruit and vegetables at the bottom.

He changes his perspective from shopper to sales assistant. He tries to put himself in the place of the sales assistant and to see with her eyes. He still does not discover anything. Neither as shopper nor as sales assistant does he discover the tooth brushes. He tries playing sales assistant once again. That involves him summoning up apathy and boredom and projecting them out of himself as shopper and then back into himself as sales assistant. Dulling of keenness of sight, at any rate. Dulling and distraction. Apathy turns one blind, less in an inward, more in an outward direction. It reduces complexity something like this.

Admittedly every shopping situation is chaotically composed of individual elements, but there are rules and rituals, paying and not stealing. Whoever doggedly sticks to that, helps the rule mechanism maintain a kind of poetic long-term existence. Wherever nothing is nicked both shopper and sales assistant slide ever deeper into apathy, that is Badur's principal argument against paying and for stealing. Theft keeps both sides on tenterhooks. The shopper considers how he can outwit the surveillance system. The sales assistant worries about protection and prevention. So an exciting game develops, in which the goods partially loose their fetish character. Consequently he regards theft not as a mistake, but as a logical part of a living shopping system. Badur pushes the trolley to the shelves with the toilet paper and toilet brushes. Two brushes are lying in a white painted plastic basket, but he needs ten, preferably ten of the same colour, ten grey or white toilet brushes. These are both blue instead of grey or white. Blue ones are too cool for him and white colours too neutral. He needs ten grey ones, but because there are not ten grey ones there, he takes the two blue toilet brushes, sealed in with the toilet brush holder. Then he pushes the shopping trolley towards the check-out, observes the sales assistant, and at the point where he guesses the blind spot of the video camera to be, picks up sweets. Chocolate bars and marzipan. He stuffs them into his trouser pockets. Perspectivly changing sides from shopper to sales assistant, he imagines that he is looking with her eyes at his own trousers. Facing himself, he discovers two well-padded testicles. Possibly the sales assistant will get a shock. At the same time it means protection from any checks. His idea has two consequences, disorientation of the sales assistant and self protection for the shopper.

Badur asks the sales assistant if he can get more toilet brushes.

(Street)

He is as pleased as Punch that the surprise attack worked. Normally the effect is only then complete when he can laugh in the face of whoever has been taken by surprise. His laughter presupposes in that person an awareness of being defenceless.

(School)

With his art students he presupposes in addition to an awareness of defencelessness, a psychic opening. First of all eruption and then venting of the disgust provoked by him, Badur. Satisfaction is

Potsdam, Pfingstberg, 1995

greatest where disgust erupts because of the disgust. And that's why he buys and steals: fruit, rotting vegetables, toilet and tooth brushes. Aesthetics is always defined by anti-aesthetics, beauty is beauty minus disgust. Some colleagues elevate disgust to a principal of style. He, Badur, on the other hand, formulates disgust not as a principle of style, but as constitutive of style. For example with rotten cucumbers. These provoke physical disgust, visually, aromatically and perhaps even haptically.
In particular rotten cucumbers are a strain on the sense of taste. Conquer taste, he lectures his students, become tasteless. Fight disgust with disgust. Eat rotten fruit and rotten vegetables, drink beer that's flat, old tea or cold coffee. Support the loss of taste with other sensory procedures, offend your eyes with dirty pictures, your ears with bad music. In back-courts, open dustbins and inhale the stench that rises up.
According to his analysis, disgust can, in principle, only be overcome by disgust. Physical disgust by psychical more than the other way round. Because the physical processes have a much more unmediated and direct effect than the psychic ones, greater attention must be paid to them. The psychic processes are oriented towards theory and physical ones to practice, so to speak.
Psychic disgust has to be produced linguistically according to the model of a street or shopping system and conveyed linguistically.
Coding and decoding of information. On the whole impulses take a longer and more subtle route. Translation, instruction, errors. Psychic impulses have a playful character. Apart from that, the example of the fruit from South Africa demonstrates a susceptibility to interpretations. Personal readings, imprecisions or ambiguities are possible. If he links the plums from South Africa with the instruction to eat them, then exactly this happens: confusion and dissipation of the effect instead of restriction.
He nevertheless carries out the experiment for the following reason. Just as the sense of smell, the sense of touch, sight and hearing destroy the sense of taste and help to develop tastelessness, so psychic procedures on the whole sustain directly physical procedures. Badur therefore regards psychical disgust not as a mistake, but as a logical part of the physical system.

The Risk of Going Public

Barbara Steiner

The Hohenbüchler sisters work with the disabled, the mentally ill and prisoners, with people who, voluntarily or involuntarily, live on the margins of society. Locked up, subjected to a fixed ritual of eating, drinking and sleeping, and their behaviour regimented, conversations with the artists are often the sole diversion in their monotonous life. Language functions on the one hand as a poetic element and on the other exists for communication. The Hohenbüchlers recommend using certain materials, but also take up suggestions from others and allow them to influence their own work. Christine Hohenbüchler sews clothes and tea towels which are painted or embroidered by disabled persons, she carves wooden flowers, which then provide a kind of frame for pictures by patients in the "Lebenshilfe" institution. Irene documents the discussion process, records dreams, develops new type faces. Unconventional forms of presentation emerge from the collective work: for example, a net stretched across a room displays painted towels, glass display cases offer shelter to fragile objects. The Hohenbüchlers thereby succeed in emphasising distinctive features of the works and in making them more accessible to a public which would not usually come in contact with them. In so doing the artists assume the role of commentators, interpreters and mediators.

In Arnhem, in the Netherlands, the Hohenbüchlers worked with prisoners in de Berg prison. In the course of a process which lasted several weeks, an attempt was made to build up more and more of a relationship of trust with the prisoners and to encourage them to take part in collective work. The Hohenbüchlers showed the results of this interaction in little houses which they designed. One could not enter these pavilions, but it was possible to look in through the windows and to view the pictures and objects made by the prisoners. Inside and outside communicated in the same way as prisoners with society. The little houses conveyed a certain degree of protectiveness, but also reflected the sealed-off nature of the prisoners' world.

The fascination of the Hohenbüchlers' work for many critics derives from the myth of the creative power of mentally ill or "criminal" personalities. Authenticity, naturalness, impetuous power, lack of restraint are features which are enlisted again and again to characterise such work. In 1921, Walter Morgenthaler, referring to the work of Adolf Wölfli, mentions formal elements, "which may well be rough and clumsy, but are all the more natural."[1] This quotation conveys an image of a culturally unconditioned artist, a person who is not yet marked by cultural history or civilisation. Jean Dubuffet, collector of art by the mentally ill and himself an artist, coined the phrase "art brut."

"We mean by this the works executed by people untouched by artistic culture, works in which imitation – contrary to what occurs among intellectuals – has little or no part, so that their makers derive everything (subjects, choice of materials used, means of transposition, rhythms, ways of patterning, etc.) from their own resources and not from the conventions of classic art or the art that happens to be fashionable. Here we find the artistic process at its purest and crudest; we see it being wholly reinvented at every stage of the operation by its maker, acting entirely on his own. This, then, is an art springing solely from its maker's inventiveness and not, as always, in cultural art, from his power of aping others or changing like a chameleon."[2]

There are two instructive aspects to this: First of all there is an interest in a renunciation of mimetic representation, a process which began in the 19th century and reached its climax in the first half of the 20th century. Prompted by "primitive" cultures and the creativity of the mentally ill, it was above all avant garde artists, who saw sources of inspiration in the "wild, pure, unaffected works of unspoilt human beings."

At he beginning of the 20th century the understanding of what art was expanded greatly. Not only was the creative power of "exotic" peoples and tribes discovered, but "inner" capacities as well. In 1921, the psychiatrist Walter Morgenthaler published 'Adolf Wölfli – ein Geisteskranker als Künstler' [3] and in 1922 'Die Bildnerei der Geisteskranken' by the doctor Hans Prinzhorn [4] appeared. Artists of "Die Brücke", the Fauves, Pablo Picasso, Georges Braque, Paul Klee and the Surrealists drew on "primitive"

cultures and the work of the mentally ill, Freud's theories of preconsciousness and the unconscious[5] also contributed to an interest in the "source of still unformed images". In the 1940s, Jean Dubuffet, in propagating an "anticultural art" gave an artistic status to oppressed marginal lives. It was he who, for the first time, looked beyond work produced by the mentally ill: art brut is also to be found among prisoners, antisocial elements and those unspoiled by education.

Traum, 5. April 1995 Haus Lange, Krefeld, 1995

Dubuffet was enthusiastic about their lack of inhibition and the boldness of their artistic expression, which he regarded as being free of cultural norms. In the 1960s, the doctor Leo Navratil demonstrated that creative functions are identical in all human beings.[6]

According to this argument, the mentally ill person retains his creative aptitudes, indeed access to them is made easier by the illness – in psychosis, for example, through the mobilisation of basic creative functions. Alfred Bader's model is illuminating in this context. "I imagine the place in which our dreams originate as a fenced garden. In this garden logical thought looses its validity, only the irrational is to be found. In privileged moments, when we are inspired, we are allowed to set one foot in this garden. Now and then, perhaps the artist is permitted to enter completely, the gate in the fence then remains open, he can leave again at any time. The schizophrenic, however, who looses touch with reality, remains locked inside this garden. The illness is not caused by the garden, because it is present in every human being. The illness of schizophrenia arises, rather, from the garden gate being locked, so that the ill person becomes a prisoner. The operation of the gate is the decisive factor: pathology on the one side, health and so-called creativity on the other. Art is not made by the ordinary person, who only gains access to the garden in his sleep and on awakening puts aside everything he was able to comprehend while dreaming. Yet, by definition, the art of schizophrenics is produced in this garden. No doubt the schizophrenic now and then throws weeds over the fence, but just as often a rare bloom. The healthy artist must be able to wait for the favour of being allowed to open the gate to the creative garden, it consequently becomes the real ‚magic garden'.[7]

At this point the second interesting aspect of a concern with the art of those excluded from society is encountered. The artist – in this perspective likewise an "exceptional person" – feels a certain affinity with and is attracted by a power which is only granted him in special moments (see Bader). The artist, who is misunderstood, but a genius nevertheless, becomes a symbol of foundering on the world as it is. The pre-civilised or uncivilised person is closer to the sources of creativity, has direct access to creative power. The idea of the abnormality of art was eagerly taken up by academics and critics and the proximity of art and insanity became a privileged object of research. With his theory of the sublimation of instinctual drives in the achievement of higher (artistic) goals Freud produced a first model for the closeness of the origins of creativity to illness.[8] The Nazis misused this interest in the origin of all creative power by branding the entire production of modern art as pathological, as a morbid excrescence.[9] Paradoxically, the avant garde itself had provided all the arguments for persecution, since these could so easily be reversed and made negative.

The image of the artist excluded from society was readily short circuited with that other outsider. This gave rise to a number of possible roles for the artist: he was a source of disruption, conscience of society, prophet, clown or, at worst, superfluous. The idea of the autonomous creativity of an (autonomous) artistic person – originally deriving from considerations of a liberation from control by ecclesiastical and secular powers – had pushed the artist out of a social framework altogether.

The Hohenbüchlers are just as familiar with the historical and theoretical aspects as they are with practical work with the disabled, the mentally ill or with prisoners. Among those they prefer to work with are people, who by their origins and activities are not integrated into the art system, but who have retained a spontaneous attitude to art and do not know the mechanisms of the art market. In their texts the Hohenbüchlers repeatedly

refer to the "sources of creativity", supposedly at the disposal of the sick, the mad, the criminal. This may at first sight be reminiscent of earlier conceptions, but it very quickly becomes evident that a very different approach lies behind it. "The question of the origins of creativity arises again and again and it is probably just as unlikely to be proved as the question of the existence of God... But one thing is certain: all expressive, innovative behaviour is a catalyst and canalises, delights, astonishes, discloses new outlooks and perspectives...
For us, creativity does not have any mystic connotations, it has much more to do with ‚daring to act'[10]. This comment indicates that what is meant, in the first instance, is social action or behaviour. ‚Taking the risk' means exposing oneself to society without knowing if and how it is possible to succeed with one's concerns at all. In this context the Hohenbüchlers also talk about – by analogy with Karl Jaspers – ‚the risk of going public'.[11]

Monogramm, 1995 Haus Lange, Krefeld, 1995

By using the idea of non-culturally conditioned creative power, the Hohenbüchlers succeed in linking up with current ideas and existing models of legitimation in dealing with the disabled or prisoners. They draw on the exotic aspect and the notions of naturalness, innocence and authenticity to gain attention. They are thereby able to connect outsiders to the socially accepted sphere of art and give them a forum. The field of marginalised social groups is short circuited with that of art: the Hohenbüchlers answer the question as to the relevance of art to society with social engagement. "In working with people who have been forced to the margin of society, the majority of whom must occupy a place in institutions, which keep them in an infantile state and simultaneously subject them to total surveillance and control, we are trying to listen to what their situation and problems are, even if that often leaves us completely at a loss... We are interested in sounding out feelings, awakening curiosity, ... mutual stimulation and exchange and over and over again the attempt to combine different levels of meaning and bring the ‚world' into the self-contained institutional systems and the other way round, to extend the latter outwards and spread it through the institution of art, and express all of that in vivid, concrete narrative terms."[12]

Art criticism likes to place the Hohenbüchlers above the others involved, although the artists themselves regard the other participants as equals. Yet their aim is not at all to dissolve authorship, but rather simply to conceive it in a more expansive way, in terms of "multiple authorship". Ideas, knowledge, expectations of all those involved

Schal einer Großmutter, 1991-1995 Haus Lange, Krefeld, 1995

intersect and interweave to form a combined work. That is also why the metaphor of fabric appears repeatedly in their reflections. The "fabric", the "pattern" of a person is accepted and embraced as unique. Texts are

interwoven and knotted in a kind of game in which the individual authors can no longer be identified.[13] The accusation of instrumentalisation which surfaces, results from the difficulty many critics have in accepting several "authors" as having equal rights. This too is related to a traditional conception of the creative artist, which is called into question by the Hohenbüchlers. The instrumentalisation of the disabled, of the sick, of prisoners already begins long before the work of the Hohenbüchlers and is nothing but the product of society's forms of organisation. Those affected are isolated from society, so that the malfunctions of society or its weak points, become invisible. The potential evidence is hidden away with the disabled, the sick and the prisoners. The inmates cannot or are not allowed to make any decisions of their own, others assume this role. It is precisely with these abuses that the work of the Hohenbüchlers begins: people are playfully encouraged to make decisions, to join in or to sit out, to use this material or that one, this or that colour; small steps, but the basis for a relationship of trust which permits co-operation. Their approach is different in this respect from other models of work with the disabled. They are among the very few artists who not only work with the disabled (and others), offer them stimulation and motivate them

to KNIT, purl 2 de Vleeshal, Middelburg, 1994

to communicate, but whose own work is changed by the ensuing discussion. The Hohenbüchlers put on just as many shows with projects which are exclusively "their own", as they initiate collective ventures. They accept the institutional mechanisms as they starting point of their work, understanding them as a framework which was imposed by others. The Hohenbüchlers know that their possibilities for changing the system as

> Strich darunter. …Man konnte ei
> fach nicht anders an diesem Sor
> mernachmittag, der Zufall hatte
> so eingerichtet. S 17 … und d
> Schicksal selbst ist wie ein wunde
> bares, weites Gewebe, darin jed
> Faden von einer unendlich zär

a whole are very limited. Instead they put their energies into activity at a few points, into personal commitment and educational work. "To stretch the mesh of a tightly woven fabric," is one of the Hohenbüchlers declared aims.

The question as to the social impulse is always posed with committed work. The attempt has been, and is repeatedly made to demonstrate women's "caring syndrome", something which could owe more to tradition than actual talents. Through their activities of knitting, sewing and weaving the Hohenbüchlers both draw attention to these typically feminine occupations and further encourage this suspicion. "Perhaps the received cultural inheritance of the female image is formative for the social role, perhaps in the struggle to belong an identification of artist/woman with the marginalised person takes place…"**14** declares Irene Hohenbüchler in a fax to her sister. A link is made between social duty and woman's role and the smooth functioning of this alliance is simultaneously called into question. In one of their most recent shows, in the DAAD Gallery in Berlin, the Hohenbüchlers were to be found weaving and sewing in the gallery in the afternoons. They thereby fostered a traditional notion of typical female activities in a place dedicated to art. If one reads their texts, which – like their actual art work – are compiled from various sources, wide-ranging interests very far removed from the clichés of femininity

are revealed. Michel Foucault, Sjavoj Zizek, Jacques Lacan, Julia Kristeva are drawn on just as are Virginia Woolf, Somerset Maugham, Elfriede Jelinek or dreams, correspondence with friends, the family.
The Hohenbüchlers appropriate certain images of femininity and examine them, not least because often no others are available. They formulate a search for identity just as much as they do, for example, in their committed work with the disabled.

The Hohenbüchlers not only refer to the myth of natural creativity, but also make use of other handed-down notions (women's art, social work) in order to disrupt excessively narrow perspectives on art and society. Through their work they expose social mechanisms which result in discrimination. With their projects the Hohenbüchlers force subjects into our field of vision, which tend to be ignored because of their very explosiveness. But they also examine their own role as women artists and dissect the operation of the art trade, one further reason why they work with others. "We don't like the way the art scene is so obsessed with itself. People soon get to know one another and then keep on meeting one another. It seems absurd to me."[15]
The Hohenbüchlers worry at society's wounds: they seem to provide exactly what we expect, if there just weren't these little irritants…

---

1 Walter Morgenthaler: Adolf Wölfli – Ein Geisteskranker als Künstler, Berne/Leipzig (1921) p 90 [A mental patient as artist]
2 Jean Dubuffet: L'art brut préferé aux arts culturels. Foreword to the catalogue of an exhibition at the Galerie René Drouin (October 1949); English translation by James Emmons from Michel Thévoz: Art Brut, London (1976).
3 Walter Morgenthaler, op. cit.
4 Hans Prinzhorn: Die Bildnerei der Geisteskranken, Heidelberg (1922). (English translation: Artistry of the Mentally Ill, Berlin and New York, 1971.)
5 Sigmund Freud: Introductory Lectures on Psycho-Analysis, London (1961) – first published 1916/17; and New Introductory Lectures on Psycho-Analysis, London (1964) – first published 1933.
6 Leo Navratil: Schizophrenie und Kunst, Munich (1985).
7 Alfred Bader: Kreativität und Wahnsinn, in Bild und Seele. Über Art Brut und Outsider-Kunst, Kunstforum International, vol 101 (June 1989) p 132.
8 Sigmund Freud, op. cit.
9 See the catalogue for the exhibition ‚Entartete Kunst' [Degenerate Art], Munich (1939); reprint, Cologne (1986)
10 Irene Hohenbüchler: ‚Liebe(r)…!', (Fax 1994).
11 ibid.
12 ibid.
13 The rhizomatics of Deleuze and Guattari are equally central in this context, see the introduction to, Gilles Deleuze/Félix Quattari, Thousand Plateaus, London (1988).
14 Hohenbüchler, op. cit.
15 ‚Was macht Ihr abends denn so?' Irene and Christine Hohenbüchler, interviewed by M. Babias, in Zitty (7/1995) p 73.

I.C.H.:
das ist es, was mit uns nicht stimmt

Judith Fischer

clear acknowledgements are advisable and admissible.

small inducements and encouragements are permitted even desired. the writing is in a fixed grid.

but: what for whom? who for what? what not for whom? who for whom yet again? and why?

dichotomies are a denial of complexity. again and again, with powerful strokes, they brush a parting in the world. many partings are drawn. so much is clearly divided. descriptions classify phenomena in their reliable way. structure of order.

dress-codes and status strategies and selection criteria and business plans and targeted public relations concepts as conditions for admission to and acceptance in company and social group structures. who affords that for himself and who can afford to attempt if for others and with them?

mediation regulates appreciation, meanwhile taking account of its own potential profit. but: what appears profitable today has already begun much earlier and from other motives.

and what should we think of that? how should it be understood? engaging with that and with those who are avoided by others. how can it be made plausible? isolated actions – what's the point of that? begin something.

but can one stand over a yawning cleft without being torn in two? but instead of growing wider could the cleft not just close up and become a line? but who is going to stake his fortune on that?

and why?

Moving Along the Margins

Julian Heynen

Embedded somewhere in the story, written in the margin, blue on blue, an address is painted on one of the figurative pictures, the words forming an arc: c/o Philip Otto Runge "Morning" 1808-09.

19...-19... Haus Lange, Krefeld, 1995

Vitrinen, 1993 Haus Lange, Krefeld, 1995

Who or what is here entrusted to this brightly dreamed painting, in which the symbolism is difficult to decipher and in which the intellectual and aesthetic expanse behind the figures can only be guessed at? For what kind of contemporary practice of art or life could such a picture be a starting point? The reference to the painting is precise. It indicates that second version of Runge's composition, which was later cut into several parts and only reassembled in the present century: a painting composed of nothing but fragments, but paradoxically held within its conceived form by blank spaces. As impossible as it will be to conclusively fit this easily overlooked direction into the weave of Christine and Irene Hohenbüchler's Krefeld show, it can nevertheless serve as a metaphor for their work. Gently they collect the most diverse objects, thoughts and feelings, their own and those of others and bind them in a loosely tied net which provides sufficient support without irrevocably determining the whole in all its parts. It is only the flaws, the points of attenuation, the breaks in this web, which allow the knots and the areas where the mesh closes up to emerge clearly as islands attracting attention.

c/o Philip Otto Runge "Morning" 1808-09: perhaps one should take this detail seriously in yet another way. It then points to a picture which attempted to think and paint a new future for art. Devised as a light, open structure, and worked out, as can be reconstructed, in numerous studies, it nevertheless finally appears to us as a puzzle. In the work of the Hochenbüchlers one encounters a similar paradox. Their efforts, starting from their own double identity, to dissolve individual authorship, to draw in other authors and let the 'work' develop out of a collective process, repeatedly leads to results which retain an enigmatic strangeness, which can only be incompletely deciphered. The social construction of the work, at once conscious and thematic, and our awareness of it, does not guarantee that it can be interpreted. The works present no report on their genesis, but a new picture, a provocation of comprehension.

The exhibition in Haus Lange is interwoven with countless quotations; language traverses all the rooms. Text collages appear as drawings on the wall, sentences and words are painted on objects and pictures, they form fixed points on curtains, are gathered together in emblematic reliefs, as pure signs; there is a small library ready for use, and voices relating three life stories are heard on tape. It is tempting – and also not quite mistaken – to extract individual formulations from this great web of text and to take them as a starting point. But reading is itself often difficult enough and frequently leads to dead ends. What is most important seems to be hidden between the lines anyway. And isn't it simply too easy, as a speaker, to stick to what has already been said? Should one not also regard the texts – like the rest of the show – as material first of all, that is, as surface, form, structure?

Porous Margins

Everywhere there is an avoidance of enclosed form, of a firm boundary between the work of art and everything else. The 'endless' knitted scarf openly displays the unsewn traces of the separate stages of the work. The needles are still sticking out at the end, a couple of balls of wool lie ready, just as elsewhere the curtain that has been begun is still inserted in the sewing machine. The 'weightless' shape of the scarf in one room appears just as transitory as the long woven piece of cloth coiling through several rooms. In Berlin, the curtains, already anything but static, were further agitated by ventilators, creating unpredictable modulations.

The outlines of the paintings do not obey convention, but adjust to the figure which they are. Even at the edges, they are not sharply distinguished from their background. Rings sewn on help to elide the distinction between picture and object, art and decoration. The texts too, tend to lose their contours and gradually slip away as form and as bearers of meaning, so that it is necessary to focus anew again and again. Something similar is experienced with the voices: dialect and recording situation tend to overshadow the text, and when one goes up the stairs to the upper storey of Haus Lange, they are audible only as the unintelligible conversation of possible inhabitants. A changing atmosphere eclipses the concrete content of the words.

The glass display cases and glass walled wardrobes, on the other hand, already perform, as object-types, a mediating role between interior and exterior. They are undoubtedly solid, built objects, but it remains questionable whether they exist as form in themselves or only offer a transparent casing for what is displayed inside them. Their glass outer skin is not only ambiguous as material; it constantly alternates between shutting in and allowing entry.

The number of examples could be extended. What is being described in this way, is, however, no fundamental dissolution of form, no attack on the integrity of objects and images. Each individual work is far too concrete for that as well as directly related to familiar forms and purposes of everyday life and art. Furthermore, the individual parts maintain a clear distance from one another. But at the margins things are kept open. It is as if contact points and connecting links were being kept in readiness at the periphery of each individual part. That does not at all mean that the elements could seamlessly interlock with one another, that an unbroken chain linking each piece could be made. Rather the porous skin of the objects is a possible area of contact for something else, which is not shown, for what the situation, or the beholder may bring. The individual work appears as a point of convergence in a wide-meshed net which, once begun, can be extended by each new arrival.

Transparent Walls

A curtain is drawn in front of the view, but glances can nevertheless penetrate it. Light-coloured and almost floating, it hangs in the room and does not really divide it. The curtain is only a weak filter, letting the pictures from the other side through and at the same time bearing a picture of its own, a text. The words and sentences, cloth appliqued on cloth, lend it weight and location, the gaze breaks on it, transparency coagulates into surface and depth. The presence of these curtains is difficult to grasp. Do they only veil the contours of what is around them or are they objects in their own right? The double game of transparency and blurring is like an echo of the life stories, which can be heard in the same room. Between remembering and forgetting, between

precise image and vague idea, life and moments unwind, and as a listener one is simultaneously close and far away from them. A state of suspense: clarity and dullness, showing and concealing, fact and supposition.

Likewise the paravents, the walls ‚against the wind'. With the Hohenbüchlers, however, they are open. The drawings and wall-objects in front of which they stand are therefore not concealed, but on their quick way to these pictures glances are for a moment caught in their elegant construction. They are ultimately made opaque by the language which is worked into them. Letters, numbers, words, phrases and sentences are

19...-19... Haus Lange, Krefeld, 1995

painted on the braces in different colours – quotations and fragments in arbitrary order. Sometimes the items are no more than hermetic abbreviations, sometimes they expand poetically to become descriptions of nature, while elswhere they seem to circle round the uncertain relations between people or things. But there's never a straight line that runs trough the text. The paravents are like an ornament of revocations, like an arabesque of conflicts. They are at once transparent and opaque, are both frame and picture, illuminate their surroundings and put them in the shade.

The large text pages drawn on the wall in pencil might appear, at first sight, to dissolve these contradictions into the transparency of a statement. A line sequence is maintained, and although the script changes, a meaning can be followed. Even if what has been written turns out to be a collage of various quotations, a theme becomes apparent in each picture. Yet here also a pattern is imposed on and beneath the language, which loosens the relationships. In Berlin it was reminescent of the technique of weaving, in Haus Lange, strips, reflecting the light and shadow game of the blinds going up and down. Once again, therefore, there is mediation between shutting in and allowing entry.

The curtains, the paravents, the text pictures, as well as the voices, their structure at once transparent and opaque, provide a very versatile net, a bearer for the never quite controllable multitude of found pieces, allusions and cross-references which constitutes and propels the Hohenbüchlers' narrative. Integration of all the heterogeneous experiences, ideas and objects is possible precisely because the presentation oscillates between the visible and the invisible. Only the alternation of showing and not-showing, of speaking out and remaining silent, creates the necessary empty space between the objects, which, after all, are not to be tied down in an authoritarian grid, but brought together "by an infinitely gentle hand" (Rilke) as it says in one of the text pictures.

Craft Works

The Hohenbüchlers' works do not conceal the fact that they are made by hand, that they owe their existance to largely traditional and quite simple techniques. On the contrary, their craft nature appears to be emphasised to a certain degree. Yet the boundaries between professionalism and amateurism are fluid, even when others without art training are not involved as co-authors. This is perhaps especially evident with the textiles. In the not too distant past, knitting, weaving, sewing, as they are presented here, were still among the skills at the command of every household. Today these activities have not yet disappeared from private life, however, they have been decidedly pushed into the background by a professional division of labour. But for the Hohenbüchlers – especially in the Krefeld exhibition – they are, precisely because of that, a kind of link to the generations of women preceding them.

The pieces of furniture, whether made by Christine Hohenbüchler personally or for her, for example by disabled workshops, occupy a similar position at the point of transition between domestic craft and professional craftsmanship. In the objects she produces herself there are, in addition, clear borrowings from folk art or artistic dilettantism but also from Viennese art nouveau. In general, as far as design, material and technology are concerned, the furniture appears to be part of a contemporary culture which is making connections with the past, for example for ecological or aesthetic and psychological, for ideological reasons.

In order to present a further example of the deliberate use of craft as a connecting link between the ages, it is necessary to discuss the texts. Whether written, painted or printed, the types of script are constantly changing, and even without knowing the exact origin in every individual case, it is evident that they are drawn from various

Potsdam, Sanssouci, 1995

periods. This availability of characters and styles is made possible by the personal computer Irene Hohenbüchler uses. The scripts developed with its help can consist of an unorthodox deployment of existing individual signs or – as with Berlin – of freely designed letters. In both cases the high-tech machine and its standardised programmes are employed to produce scripts which have the appearance of being handwritten. The seemingly objective, transferrable processes result in a form which is considered to be among the classic manifestations of personality. In conjunction with the ideas passing across the screen, the keyboard grid releases a diagram of the inner life, an arabesque of the soul – to put it romantically. Craft, even at the end of the 20th century, remains connected to intimacy.

Open Cupboards

Our personal things are kept and concealed in cupboards. According to Bachelard, "without these ‚objects' our inner life would lack the external models of inwardness." It is the wardrobe, above all, which is such a space of intimacy and protection. It contains the wrappings, the changing skins, the masks, a person's doubles, even his smell. Anyone who opens someone else's wardrobe recoils, both embarrassed and fascinated: the door can be quickly shut again, the violation of the boundary undone. The wardrobes, which the Hohenbüchlers have made for the clothes of

Portraits, 1995 Haus Lange, Krefeld, 1995

others, remain open. Three sides are glass, so they resemble show-cases, yet in form and function they are wardrobes. These are not neutral instruments of display, but carefully arranged spaces, which despite every glance that penetrates them, still retain something of the original intimacy of their contents. In Berlin selected clothes of the gallery owner were to be seen in them, in Haus Lange, the clothes belong to the three women of the generation of the artists' grandmothers, whose life stories can be heard in the same room. "The wardrobe is completely filled with the silent tumult of memories." (Oscar Milosz) Before every exposure of this past however personal things are handled with particular care. The rear walls have a coloured mirror, which gives them a proper resting place and shows them off. The clothes hang in such a way, that their

Pechmarie, 1995 Galerie Barbara Weiss, Berlin, 1995

front, their face, turns a little away from the light coming from the window and so also from the glances of the beholders.

Anyone who not only describes the life of others in words and pictures, but has them, as here, appear in a spatial narrative with their own voice and their own second skin, bears a responsibility. Anyone who goes beyond that and blurs the distinction between what these others have contributed and what he himself has done, is working in the danger zone of intimacy. The wardrobes, which despite their openness are also protective, are among the precautions, as are the white wall reliefs, on which dates and initials of the persons involved overlap to the point of indecipherability. But intimacy is an uncertain terrain not only because it is so violable, because moral questions arise so quickly. Work at this boundary is even more dangerous for artistic reasons. No matter how directly and obviously the Hohenbüchlers' art is related to their own particular life, it is ultimately not concerned with giving a report on this life. The intimacy which becomes visible here, is not an end in itself, but a medium, a solvent. This closeness to themselves and to others does not imply a retreat into the private sphere, towards something utterly personal and unique. It wants to encourage listening and speaking, so that the things out there can become meaningful. The number nineteen together with several suspension points, appears twice on the poster for the Krefeld show, like a kind of hidden title. So the thread of a century coming to an end runs through the web. In the stories of the old women, who have experienced the larger part of this period, a knot forms again and again: the Second World War.

Arabesques

Once again, with all due caution, back to that half hidden address, which names a picture by Philip Otto Runge as the occasional location of ideas. It is not a key to understanding, but in the open net of the Hohenbüchlers' work, every fragment can be the crystallisation point of a rapprochement. Runge and his painting will be in some degree alien, even suspect to most people today. But perhaps it is just this strangeness, which allows things to stand out all the more clearly, if one engages with them for a while.

The term arabesque was mentioned in connection with the paravents and the texts, and a certain ornamentalism undoubtedly also runs through the rest of their work. Arabesque is first of all, nothing more than a decorative form, which, while it does not deny that it is derived from the plant world, creates pure circling patterns. A largely empty sign therefore, a marginal accompaniment, apparently incapable of bearing significant meaning. In the drawings, paintings, letters and ideas of Philip Otto Runge and his friends, however, the arabesque develops into a central concept. The innocent form becomes a stopping point on the way to a new idea of art. Of the pictures planned for the cycle "The Times of the Day" the artist said: "So many striking combinations occur in them, of things, each one of which in turn exists in another context, so that I am never allowed to explain it in detail; these are but figures peculiar to my nature, but applied, so as to write what matters most." The present is experienced as an accumulation of fragments; the work of art allows them their

anz blutig war, ... wenn 2 + 3

m Beziehung treten... Dieser Uhr

ten die Zahlen 3 und 7. ... sie

lte sich nicht fürchten, es geschäh ihr

in Leid ... S9 Die Dinge sind alle

ht so faßbar und sagbar ... wollte

versprechen, was ihm daheim zuerst

begegnete ... vollziehen sich in

einem Raume, den nie ein Wort

etreten ... er hatte 3 eiserne Bande

um sein Herz legen lassen müssen ...

itt sein kleines Fingerchen ab, steck-

es in das Thor und schloß glücklich

f .. S11 dieses Schatzhaus der

Erinnerungen...

isolation, but it holds them "desperate as gems in circling forms," as one observer saw it. It was understood and accepted that the arabesque thereby becomes a hieroglyph: "It understands itself at the margin, even if it should not always immediately understand itself deep inside." (Clemens Brentano)

The differences to the Hohenbüchlers' work are obvious: no religious foundation, no ideal art, no lonely settings, but also no sign of despair.

Viola, 1994 Haus Lange, Krefeld, 1995

And yet, is there despite that, an affinity across epochs and worlds? There is the dissatisfaction with the way art deals with life, and the attempt to place work in a wider context. And then – en route to something new – the turn to pure pattern, to a marginal form, which seems to be incompatible with the strict aims of art. It is not only the ornaments themselves, it is the ‚low' techniques, activities and styles adopted by the Hohenbüchlers, as well as the inclusion of other ‚non-professional' authors and the seemingly indiscriminate adoption of every conceivable idea and observation. Only in this way, on obscure byways, through conscious engagement with everyday life, playfully exposing as much as they conceal, always in danger of losing themselves, either in themselves or in the opacity of everything else, does a new form emerge. c/o Philip Otto Runge "Morning" 1808-09: only a brief foothold in the web.

Christine & Irene Hohenbüchler

born October 3, 1964 in Vienna

1984/85 -1990	Irene studies painting, Christine studies sculpture at the Hochschule für angewandte Kunst in Vienna
1989	post-graduate studies at the Jan van Eyck Akademie in Maastricht
1991	BMUK scholarship, Chicago
1994	DAAD scholarship, Berlin
1994-95	Mies van der Rohe scholarship, Krefeld

selected exhibitions

1988	**Rooseweltscher Garten**, with H.W. Poschauko, Luftbad, Vienna (solo)
1989	**Les Bricoleurs**, Neue Galerie am Landesmuseum Johanneum, Graz (solo)
	Junge Szene Wien, Secession, Vienna (group)
1990	**Hoorn/Horn**, Kunstverein Horn and Stichting de Achterstraat, Hoorn (group)
	Double Touch, Galerie Theuretzbacher, Vienna (group)
1991	**Love-in-a-mist**, with Kunstwerkstätte Lienz, St. Lucas Galerij, Bruxelles (solo)
	Remote Reverie, A 4 Galerie, Wels (solo)
	Hedendaags Fin de Siècle, with Kunstwerkstätte Lienz, Stadsgalerij Heerlen (group)
	Junge Kunst aus Österreich, with Kunstwerkstätte Lienz, Kunstverein Hamburg (group)
	Art Twins - Das Andere im Anderen, with Kunstwerkstätte Lienz, Kunsthalle Luzern (group)
	Where are you? Where am I ?, Galerie Grita Insam, Vienna and Kunstraum Dornbirn (group)

	Individu: Duiding, Verboden verbindingen + Twijfelachtige verbanden, with Kunstwerkstätte Lienz, ICC Antwerpen (group)
1992	**in resemblance to...(between)**, with H. Hochenbüchler, Galerie Theuretzbacher, Vienna (solo)
	...prodigious, precious..., with H. Hochenbüchler and W. Feiersinger, Galerie Paul Andriesse, Amsterdam (solo)
	HERBAR 7, with Kunstwerkstätte Lienz, Stift Neuberg (solo)
	Delicate & Brutal, Steirischer Herbst, Galerie Freiberger, März Zuschlag (group)
	Zeitschnitte 92 - Aktuelle Kunst aus Österreich, Messepalast, Vienna (group)
	Biennale Cairo, Cairo (group)
1993	**Sonsbeek 93**, Arnhem (group)
	Das Pelzchen, with Kunstwerkstätte Lienz, Galerie Paul Andriesse, Amsterdam (solo)
	...in reminiscence of..., with H. Hochenbüchler, Galerie Stampa, Basel (solo)
	Hotel Carlton Palace, with H. Hochenbüchler and E. Skramovski, Paris (group)
	Intergral Kunstprojekte, wiht patients of KBON, Berlin, Neue Gesellschaft für Bildende Kunst, Berlin (group)
1994	**Juli oder August**, with E. Skramovski, Raum aktueller Kunst, Vienna (solo)
	Kachel, kooi, lamp, Galerie Andriesse, Amsterdam (group)
	Künstler Zwillinge, Schloß Irsee (group)
	Double Density, with H. Hochenbüchler, Galerie Pohlhammer, Steyr (group)
	to KNIT 2, purl 2, De Vleeshal, Middelburg (solo)
	borduren 2000, Museum De Lakenhal, Leiden (group)
	Migrateurs, with H. Hohenbüchler, ARC Musée d'Art Moderne de la Ville de Paris (solo)
1995	**13**, Galerie Stampa, Basel (solo)
	3,7, daadgalerie, Berlin (solo)
	12, Galerie Barbara Weiss, Berlin (solo)
	19...-19..., Museum Haus Lange, Krefeld (solo)
	on board, Venice (group)

publications by the artists

LES BRICOLEURS, Neue Galerie am Landesmuseum Johanneum, Graz 1989
Herbar, with Kunstwerkstätte Lienz, Johan Deumens, Heerlen 1991
HILF LEBEN, with Günther Steiner, Kunstwerkstätte Lienz 1993
BERLIN., Krefelder Kunstmuseen, Krefeld 1995
CHICAGO., Oktagon Verlag, Stuttgart 1995

Christine und Irene Hohenbüchler:
Berlin.
hrsg. von/edited by Julian Heynen
Krefelder Kunstmuseen 1995

Published to coincide with the exhibitions by Christine und Irene Hohenbüchler at the daadgalerie, Berlin (17 March – 30 April, 1995), the Museum Haus Lange, Krefeld (28 May – 23 July, 1995), the ICA, London (9 September – 26 November, 1995) and the Douglas Hyde Gallery, Dublin (early 1996)

daadgalerie
Kurfürstenstraße 58
D-10785 Berlin
Tel.: (49) 030 23 12 08-0
Fax: (49) 030 22 92 512

Museum Haus Lange
Wilhelmshofallee 91
D-47800 Krefeld
Tel.: (49) 02151 77 00 44
Fax: (49) 02151 77 03 68

Institute of Contemporary Arts
The Mall, London SW1Y 5AH
Tel.: (44) 0171 930 0493
Fax: (44) 0171 873 0051
Registered Charity Number 236848

The Institute of Contemporary Arts is financially assisted by Arts Council of England, Westminster City Council, The British Film Institute, The Rayne Foundation

Toshiba is proud to support the ICA in its mission to promote a better understanding of contemporary arts to an ever-increasing audience. As a company committed to people and the future through innovation and creativity, it is both exciting and appropriate that Toshiba should join forces with an organisation that shares our determination to promote a better appreciation of the arts, science and technology.
Toshiba Mission Statement

The Douglas Hyde Gallery
Trinity College
Nassau Street
Dublin 2
Tel.: (353) 1 7021116
Fax: (353) 1 6772694

© Krefelder Kunstmuseen,
Ch. & I. Hohenbüchler
und Autoren/and authors 1995

Hrsg./editor: Stadt Krefeld, Der Oberstadtdirektor

Fotos/photo-credits:
Galerie Paul Andriesse, Amsterdam;
Peter Cox, Eindhoven;
Volker Döhne, Krefeld;
Christine Hohenbüchler, Berlin;
Galerie Stampa, Basel;
Galerie Barbara Weiss, Berlin;
Jens Ziehe, Berlin

Übersetzung/translation: Martin Chalmers

Gestaltung/design: Irene Hohenbüchler mit/with Volker Döhne

Gesamtherstellung/printer: Lecturis BV, Eindhoven

Auflage/edition: 1.600

ISBN 3-926530-74-x

19...-19... Haus Lange, Krefeld, 1995

Projekt ICA, 1995

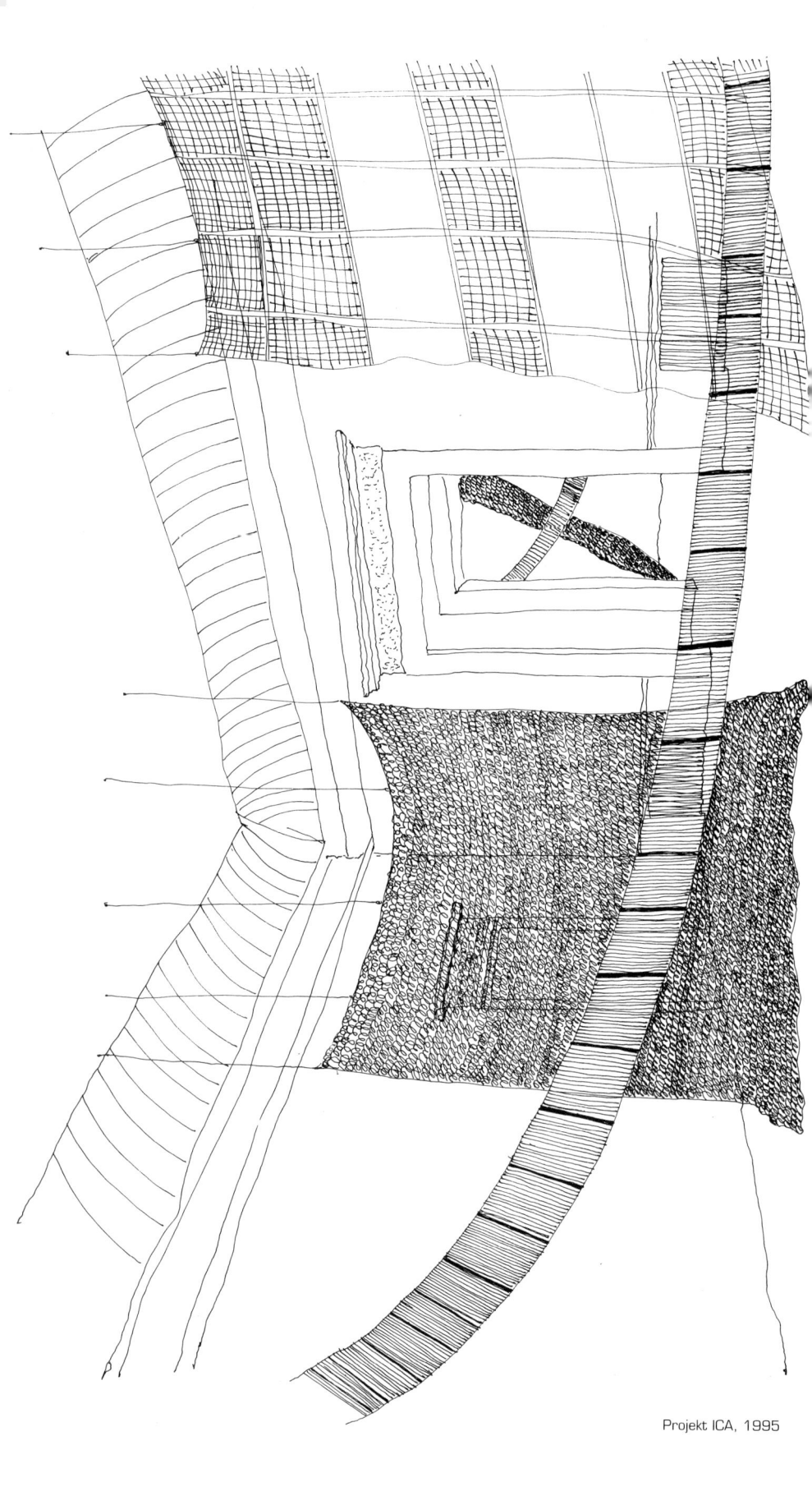